社会资本
对服务业集聚影响的研究

谢兰兰◎著

·北京·

图书在版编目（CIP）数据

社会资本对服务业集聚影响的研究/谢兰兰著.
—北京：中国经济出版社，2019.10
ISBN 978-7-5136-5498-2

Ⅰ.①社… Ⅱ.①谢… Ⅲ.①社会资本—影响—服务业—经济发展—研究—中国 Ⅳ.①F726.9

中国版本图书馆CIP数据核字（2018）第283915号

责任编辑	郑　潇
责任印制	马小宾
封面设计	北京任燕飞工作室

出版发行	中国经济出版社
印　刷　者	北京建宏印刷有限公司
经　销　者	各地新华书店
开　　　本	710mm×1000mm　1/16
印　　　张	12
字　　　数	300千字
版　　　次	2019年10月第1版
印　　　次	2019年10月第1次
定　　　价	38.00元
广告经营许可证	京西工商广字第8179号

中国经济出版社 网址 www.economyph.com 社址 北京市东城区安定门外大街58号 邮编 100011
本版图书如存在印装质量问题，请与本社销售中心联系调换（联系电话：010-57512564）

版权所有　盗版必究（举报电话：010-57512600）
国家版权局反盗版举报中心（举报电话：12390）　　服务热线：010-57512564

序

《社会资本对服务业集聚影响的研究》是谢兰兰博士在华南师范大学读博期间所做毕业论文的基础上扩充修改而成的。作为她的老师,我感到非常振奋和喜悦。我很欣赏她的执著、真诚、敏锐、认真、热情、矜持、宽宏而达理、柔和而刚强的人格魅力,更欣赏她在学术上那种坚定的志向、毅力、魄力与勇气。从谢兰兰跨入博士生涯的那天起,开启了她人生辉煌、鲜丽、精彩的时刻,尽管她饱尝来自工作和生活的艰苦、曲折、苦涩、隐痛与无奈,如今这些难题与压力虽有所缓解,但依旧影响着她的生活。可喜的是她以常人难以想象的坚韧,力排不时出现的各种干扰,克服重重困难,勇敢地走出困惑,以积极向上的心态,义无反顾地按照自己选择的理想目标,奋起直上,执著前行。她除了坚持日常繁重的大学教学工作外,几乎把所有的时间和精力都倾注在枯燥的学习中。夜以继日、废寝忘食、坚持不懈,为了学业牺牲了很多,无怨无悔。她的谦和、好学、刻苦、勤奋与执著给同学和老师都留下了极为深刻的印象。炽热而默默地追求与努力,使其收获了事业上丰硕且优异的成果。作为副主编,她完成了两部教材的编写,并在《财经论丛》《财会月刊》《经济问题》等刊物上发表论文20余篇。她在顺利获得华南师范大学的博士学位不久,又进入河南大学博士后流动站作为博士后研究人员继续深造与研究,并于2019年8月出站。

社会网络能提供自由市场或政府制度都难以捕捉的关键信息,成功的创新国家一定会从事相对于守旧国家来说不可能从事的一项活动——建立网络。在廉价地捕捉和发布信息的过程中,社会网络帮助企业家和科技参与者找到彼此,并增加他们应对快速变化的灵活性。这样一来,网络大大降低了高昂的创新成本和风险。市场和政府都不会以低廉的价格捕获这种信息或很好地获取这些信息。因此,政府必须采取行动,积极创造和保持创新的社会网络,力求解决有可能出现的社会网络故障问题,着重寻找特定政策问题的解决方案。创新网络一般采取产业集群(包括服务产业集群)、研发集群、国际网络、联合研发项目、研究研讨会、政府—商业联盟等形式,政府应积极构建创新集群(尤其是服务产业集群),在促进创新网络发展方面发挥更加积极的作用。

由于服务产业集聚与区域竞争力、经济增长以及企业创新等变量具有正相关关系,产业集群尤其是服务产业集群作为社会网络形式是驱动企业创新的重要平台之一。因此,为促进服务产业集群的健康发展,深入研究服务产业集群的相关理论是极为必要的,而且对促进中国成为创新、产业、服务大国更具有重大的意义。该书所展示的研究成果,试图阐述在分工条件下社会资本和服务业集聚存在的必然性以及社会资本对服务业集聚的重要促进作用。该书翔实地实证分析了社会资本对服务业集聚形成、发展以及升级的影响,即从社会资本角度出发,研究社会资本对服务产业集聚的各个阶段:包括集聚形成、集聚发展以及集聚升级等各阶段的促进作用;深入探讨了通过社会资本积极推进服务产业集群发展的路径和策略,并提出促进政府对推动服务产业集群发展,促进社会资本与服务产业集聚之间良性互动的可操作的对策和建议。

该书是谢兰兰博士在保证真实性和可靠性的基础上,长期收集与此有关主题的资料与文献,并对社会资本对服务业集聚影响问题进行认真且细致的实证分析和深度思考与研究的成果,是作者对社会经济发展,尤其是服务产业集聚发展的一种高度自觉的关切、热望、寄托、设想和反思,以及对社会与历史的责任感。我为谢兰兰博士为此所做的艰苦努力及学术研究成果而感到欣慰和自豪。

探索一个能以现实生活为基础,并能对现实生活有充分解释力、与时俱进、科学的经济理论是伟大而艰巨的历史使命，我很高兴地看到谢兰兰博士勇敢地相当起这项使命，衷心祝愿她能在困境中继续努力创造奇迹，实现她的人生抱负并取得优异成绩。希望谢兰兰今后对我国服务产业集聚理论继续深入研究，并创造出更多、更新、更有分量和更有影响的学术成果，我期待那个与她共同分享丰硕学术成果时刻的到来。

是为序。

2018 年 9 月 13 日于河南大学经济学院

前　言

本书专门研究社会资本对服务业集聚的影响。在中国由工业经济向服务经济转型过程中，全国服务业一方面迅速发展，另一方面在空间布局上有集聚趋势，集聚对服务业竞争力、经济增长具有重要影响。众多学者关注服务业集聚相关研究，但鲜见从社会资本角度研究服务业集聚，且方法多以定性为主。服务业集聚本质是各类社会资本的外在表现形式，由于社会资本计量的困难以及在经济学研究的滞后，因此局限了社会资本如何推动服务业集聚的研究。本书以服务业集聚演化过程为研究对象，从社会资本角度探寻社会资本促进服务业集聚发展的内在规律，这具有重要的理论意义与现实意义。

具体来说，本书结合已有的社会资本和服务业集聚研究的理论成果和分析，首先对服务业集聚进行了测度，然后探讨了分工条件下社会资本对服务业集聚影响的机理；其次将集聚演化分为集聚形成过程，集聚期间以及集聚升级过程，分别运用理论模型及数据模拟、实证分析以及案例分析，构建了社会资本在集聚各过程中的作用分析体系。笔者研究发现以下几个方面：

第一，服务业存在集聚现象。从区域来看，省份间服务产业空间布局较不均衡，代表性省份广东省内服务产业空间布局同样不均衡；从行业来看，消费性服务业集聚程度最高，公共性服务业集聚程度最低。

第二，分工条件下社会资本对服务业集聚具有重要影响。分工天然促进服务业集聚，产生社会资本。在分工系统中，社会资本可有效降低交易费用，因而促进集聚边界外推，并提高集聚区内企业绩效，推动集聚创新。

第三，在服务业集聚演化过程中，社会资本均存在促进服务业集聚发展的重要作用。在服务业发展初期，社会资本有利于服务业集聚；在服务业集聚区内，社会资本有利于服务业集聚区内企业绩效提高；在服务业集聚升级阶段，社会资本对服务业集聚升级发挥重大影响作用。

第四，社会资本与政府干预在服务业集聚中所起的作用可以相互替代。政府干预对于目前服务业集聚发挥关键作用。本书研究表明当政府干预较少时，社会资本对服务业集聚有更强的影响力；反之亦反。目前中国绝大部分地区社会资本还未到饱和状态，中国服务业集聚可用社会资本替代政府干预发挥作用。

笔　者

2018 年 10 月

PREFACE

This dissertation studythe effect of social capital on service industry cluster。 In the process of transformation from industrial economy to service economy, on the one hand national service industry get the rapid development , on the other hand, national service industry has spatial concentration, and agglomeration has an important influence on the economic growth, and competitiveness of service industry。 Scholars are concerned about the research about service industry cluster, but the research of service industry from the perspective of social capital agglomeration is rare, and more of which is used the qualitative methods. Service industry agglomeration is the external manifestations of all kinds of social capital in essence, social capital measurement is difficult, and its research is later than other economics research, which limits the research on how to promote the service industry agglomeration by social capital. In this paper, from the perspective of social capital, we study the whole process of service industry agglomeration, by means of econometric analysis to construct the analysis framework of relationship between social capital and service industry agglomeration, in order to seek the inner rules of the relationship between social capital and the service industry, which has important theoretical and practical significance.

Specifically, combining the existent research about social capital and service industry cluster, first of all we measure the degree of service industry agglomeration, and then divide the agglomeration evolution process into three stages: The formation stage, the development stage and the upgrade stage. We use simulated data, empirical analysis and case analysis, constructing the role of social capital in the every stage of agglomeration. This paper found the following aspects:

Firstly, Service industry are exist agglomeration phenomenon. From the perspective of region, spatial layout of service industry is not balanced inter province, service industry spatial layout also is not balanced in the representative provinces of Guangdong; from the industry point of view, the highest degree of agglomeration is consumer service industry, the minimum degree of agglomeration is public service industry.

Secondly, in every stage of the service industry agglomeration, social capital have significant effect in promoting the development of service industry. In the initial stage of agglomeration, social capital is conducive to service industry agglomeration; in the second stage of agglomeration, social capital is conducive to improve the performance of enterprises in the agglomeration region of service industry; in upgrade stage, social capital plays a major role in the upgrading of service industry agglomeration.

Thirdly, the role of social capital and government intervention in the agglomeration of the services sector can substitute each other. Government intervention plays a key role in the current service industry agglomeration. Our studies show that when the government intervention is a litter, the social capital has a stronger influence on the service industry agglomeration, and vice versa. At present, social capital in China's most areas is not in the state of saturation, at present we can use social capital replace government intervention in order to push service industry agglomeration in China.

目　录

序 ………………………………………………… 赵学增（1）

前　言 ………………………………………………………（1）

1　引　言 ……………………………………………………（1）

　1.1　研究背景、目的与意义 ………………………………（1）

　　1.1.1　研究背景 …………………………………………（1）

　　1.1.2　研究目的 …………………………………………（2）

　　1.1.3　研究意义 …………………………………………（2）

　1.2　文献综述 ………………………………………………（4）

　　1.2.1　服务业集聚的相关研究综述 ……………………（4）

　　1.2.2　社会资本相关研究综述 …………………………（10）

　　1.2.3　社会资本与服务业集聚互动的研究综述 ………（13）

　1.3　主要研究内容 …………………………………………（15）

　1.4　研究设计 ………………………………………………（17）

　　1.4.1　研究方法 …………………………………………（17）

　　1.4.2　技术路线 …………………………………………（18）

　1.5　创新之处 ………………………………………………（18）

2 服务业集聚测度 (19)
2.1 全国大地理范围服务业与广东省小地理范围服务业现状描述 (20)
2.1.1 对全国大地理范围服务业的现状描述 (21)
2.1.2 对广东省小地理范围服务业的现状描述 (22)
2.1.3 全国大地理范围服务业与广东省小地理范围服务业的现状分析 (23)
2.2 服务业集聚测度指标及分析 (24)
2.2.1 服务业测度指标 (24)
2.2.2 对服务业测度指标优缺点的说明 (25)
2.3 对全国大地理范围以及广东省小地理范围服务业集聚测度 (28)
2.3.1 对全国大地理范围服务业集聚的测度 (28)
2.3.2 对广东省小地理范围服务业集聚的测度 (36)
2.3.3 集聚测度分析 (43)
2.3.4 服务业集聚度与服务业产值增长、经济波动之间的实证分析 (45)
2.4 小结 (47)

3 分工条件下社会资本对服务业集聚重要影响的分析 (49)
3.1 分工相关理论及服务业分工现状 (50)
3.1.1 交易费用 (50)
3.1.2 分工理论与分工临界点 (51)
3.1.3 服务业分工现状 (52)
3.2 社会资本相关理论 (53)
3.2.1 社会资本的内涵 (53)
3.2.2 社会资本在市场经济中重要吗 (54)
3.3 案例的经验支持与共性启示 (55)

3.4 分工条件下社会资本对服务业集聚影响机理……………………(56)
  3.4.1 分工天然能促进服务业集聚…………………………………(56)
  3.4.2 分工条件下社会资本对服务业集聚的影响……………………(57)
3.5 小结………………………………………………………………(61)

4 社会资本与服务业集聚：理论模型与数据模拟……………………(63)
4.1 文献回顾…………………………………………………………(64)
4.2 理论分析…………………………………………………………(66)
  4.2.1 基本假设………………………………………………………(66)
  4.2.2 理论模型………………………………………………………(67)
4.3 数值模拟及其结果………………………………………………(75)
  4.3.1 短期均衡模拟…………………………………………………(75)
  4.3.2 长期均衡模拟…………………………………………………(76)
  4.3.3 基本结论及政策意义…………………………………………(79)

5 服务业集聚形成阶段：社会资本对其作用的实证分析………(81)
5.1 社会资本对服务业集聚实证分析………………………………(82)
  5.1.1 假设……………………………………………………………(82)
  5.1.2 模型、变量和数据……………………………………………(83)
  5.1.3 研究结果………………………………………………………(85)
  5.1.4 稳健性检验……………………………………………………(90)
5.2 社会资本在服务业集聚形成中对政府干预替代作用的
  实证分析………………………………………………………(92)
  5.2.1 假设……………………………………………………………(92)
  5.2.2 模型、变量和数据……………………………………………(94)
  5.2.3 研究结果………………………………………………………(95)
  5.2.4 稳健性检验……………………………………………………(102)
5.3 基本结论以及政策意义…………………………………………(104)

6 服务业集聚区发展阶段：社会资本对区内企业绩效的影响 ……（107）
6.1 概念与模型构建 ……（107）
6.1.1 变量界定 ……（107）
6.1.2 模型与假设 ……（109）
6.2 研究方法 ……（113）
6.2.1 样本与数据来源 ……（113）
6.2.2 变量测量 ……（114）
6.2.3 研究方法 ……（116）
6.3 研究结果 ……（117）
6.3.1 测量模型的评价 ……（117）
6.3.2 结构模型以及假设验证 ……（118）
6.3.3 结构模型的修订和确定 ……（121）
6.3.4 因子作用分析结果 ……（123）
6.4 结论和讨论 ……（124）
6.4.1 研究的基本结论 ……（124）
6.4.2 意义与启示 ……（125）
6.4.3 缺陷 ……（126）

7 社会资本对服务业集聚升级的实证发现 ……（128）
7.1 问题的提出 ……（128）
7.2 理论铺垫 ……（128）
7.2.1 服务业集聚升级 ……（128）
7.2.2 社会资本及其投资 ……（130）
7.2.3 社会资本投资与服务业集聚升级的协调演化 ……（131）
7.3 研究设计与案例简介 ……（133）
7.3.1 方法选择以及资料收集 ……（133）
7.3.2 天河路商圈介绍 ……（133）

7.4 实证发现 ………………………………………………… (134)

 7.4.1 第一阶段（1986—1995）：辐射天河区的过程

    升级阶段 ………………………………………… (134)

 7.4.2 第二阶段（1995—2005）：辐射都市区的产品

    升级阶段 ………………………………………… (135)

 7.4.3 第三阶段（2005—2013）：基于珠江三角洲的功能

    升级阶段 ………………………………………… (137)

 7.4.4 第四阶段（2013—）：基于全国乃至全球化的价值链

    升级阶段 ………………………………………… (140)

7.5 小结 ……………………………………………………… (144)

8 结论与展望 ………………………………………………… (146)

8.1 结论 ……………………………………………………… (146)

8.2 政策建议 ………………………………………………… (149)

8.3 研究的局限性和未来的方向 …………………………… (150)

参考文献 …………………………………………………… (153)

调查问卷 …………………………………………………… (172)

1 引 言

1.1 研究背景、目的与意义

1.1.1 研究背景

一方面,服务业占 GDP 的比重不断增加。自 21 世纪以来全世界服务业对 GDP 的拉动作用不断增强,如 2003 年服务业占 GDP 的比重美国约为 90%,日本约为 70%。2013 年中国服务业产值占 GDP 的比重首次超过 50%,表明"服务经济"时代在中国的到来。学者认为,城镇化以及工业转型将为中国的服务业发展注入新的契机,未来产业服务化趋势会更明显,中国将走向服务业大国,逐步实现由"世界工厂"向"世界市场"的转变,服务业将成为中国经济增长、转型升级以及技术创新的主要动力。另一方面,服务业呈现集聚态势。特定服务企业在特定区域内的大量集聚形成世界各地特色鲜明的服务业集聚区,如广州海珠区零售批发市场、巴黎森迪尔区网络产业集群、纽约市 SOHU 文化创意产业集聚区、芝加哥卢普区、伦敦金融城、巴黎拉德芳斯区、韩国大德 RD 特区、东京银座以及欧盟马克纳—拉瓦莱区等,这些功能互补、资源共享、互惠共生的服务业集群,能增强企业甚至区域经济竞争力,因此,越来越多的地方政府把形成服务业集聚列为目前区域发展的最重要空间战略规划,纷纷出台各种推动服务业集聚发展的政策法规,以期发展服务业经济。然而,在实践中,越来越多的服务业集聚走向璀璨的同时,也有大批的服务业集聚区走向衰退与没落,为什么服务业会集聚?为何有些服务业集聚区会走向衰退?找出影响集聚区演变轨迹的因素成为目前学者关注的焦点。目前，研究社会资本是否和如何影响服务业集聚的形成、发展以及升级的学者鲜见且成果较少。但已有的研究结论表明，社会资本对服务业集聚、服务业集聚升级具有正向影响，能显著促进集聚和经济发展。

20 世纪 80 年代初，生产要素在空间上的有效流动与配置，为中国服务业集聚的出现提供了基本市场条件，目前全国 330 多个城市均有不同集聚程度的服务业集聚区，排名前四位的服务业集聚区分别为上海虹桥开发区、广州上下九商圈、北京西单商圈和乌镇小商品交易市场。服务业集群的发展已成为带动中国区域经济发展的重要力量；但与发达国家相比，中国的服务业集聚无明显优势，存在不少问题亟待解决，如过度依赖政府规划与政策、服务业附加值低、集聚区企业间信任度不高、市场体系不健全等。本书认为可借鉴全球各国服务业集聚形成、发展的成功经验，从社会资本的角度来解决上述问题。

1.1.2 研究目的

本书以服务业集聚为研究核心，从社会资本的角度，深入探讨了社会资本对服务业集聚形成、发展以及升级的影响。本书以服务业集聚为研究对象，是因为与制造业相比，服务业集聚度更高，社会资本对 14 类服务行业集聚的影响更明显。本书试图解决以下几个问题：①服务产业集聚测度；②分工条件下社会资本对服务业集聚的重要影响；③社会资本对服务业集聚形成的影响；④社会资本对集聚区内企业绩效的影响；⑤社会资本对集聚升级的影响。

1.1.3 研究意义

国内外服务产业集群的相关研究表明，服务产业具有较强的聚集性，且集聚效应有利于推动区域经济发展，因此建立服务产业集聚区具有重要意义。国内外相关研究亦证明社会资本可有效促进服务产业集聚。因此本书研究社会资本对服务业集聚影响，定性、定量以及结合案列分析研究服务产业集聚形成、发展以及升级与社会资本的关系，这些研究对促进中国成为服务大国、推动中国经济发展具有重要意义。

（1）理论意义。

理论界发现服务产业集聚与区域竞争力、经济增长以及企业创新等变量具有正相关关系，然而与世界服务业发达国家相比，我国服务业发展滞后且集聚度低，如何推动中国服务业发展？如何发挥服务业集聚的竞争优势，为了寻找答案研究者开始将目光投入寻找影响服务业集聚的诸因素上来，其中社会资本是目前较为关注的因素之一。但到目前为止社会资本与服务业集聚关系研究的文献存在以下问题：第一，对服务产业集聚的研究，更多的是把制造业集聚范式直接移植到服务产业集聚研究中，缺乏符合服务产业集聚特性的分析理论框架。第二，虽然有部分学者开始将产业集群与社会网络（社会资本）结合起来进行研究，但从检索资料来看，社会资本对服务业集聚促进影响的定量研究鲜见，而定性与定量相结合的研究则更少。第三，服务业集聚包括服务业集聚形成阶段、集聚区发展阶段以及集聚区升级3个阶段，在不同阶段，社会资本对服务业集聚影响的路径与方式不同，但目前从服务业集聚3个阶段来分析社会资本对服务业集聚影响的研究鲜见。基于上述理由，本研究具有较重要的理论意义。

（2）实践意义。

"十二五"规划明确要求服务业增加值平均增速超过国内生产总值平均增速，要求推动特大城市形成以服务经济为主的产业结构。服务业的壮大繁荣离不开服务业集聚。实际上自20世纪80年代以来，服务业集聚在中国已经很普遍了，但中国服务业发展及集聚并不是一帆风顺而是曲折的，必须结合中国特色实现服务业发展。因本书从社会资本角度研究探讨通过社会资本促进服务产业集聚发展的路径和策略，对促进政府提高决策推动服务产业集群发展，促进社会资本与服务产业集聚之间的良性互动提出可操作的对策和建议。本书研究具有较重要的实践意义。

1.2 文献综述

1.2.1 服务业集聚的相关研究综述

（1）服务业集聚的基础理论综述。

在本论文中，服务业等同第三产业，包括 14 类①。产业集聚（porter,1990）指很多企业在同一空间内集中，以专业化分工及横向合作为特色，形成一个竞和紧密的企业集群网络。在这个网络中，包括同业竞争者、前后向联系企业、相关服务产业和支撑型机构，如大学、研究机构、公会等经济主体。

长期以来对产业集聚的相关研究主要聚焦于制造业，但服务业正日益成为支配城市经济的主要因素（阎小培，姚一民，1997），因此研究服务产业集聚的学者也越来越多。Moultacrt 和 Gallouj（1993）指出，服务业提供的服务具有差异性、特定性，专业性等特点，与制造业存在显著差异。Illeris 和 Philipp（1995）指出，服务业，如餐饮、卫生、住宿以及娱乐服务的提供和消费在时空上具有不可分性，且不能存储，因此导致这类服务业的消费更依赖于本地市场，并且在大城市中有更强的空间聚集水平。李文秀、谭力文（2006）指出，制造业集聚以追求成本最小化为目标，而服务业集聚主要以追求收益最大化为目标，因此服务企业与制造企业有不同的行动选择和偏好，制造业集聚的理论与模型并不一定适应分析服务业集聚。

服务业的分类方法很多。BEA（美国经济分析局）将服务业分为四大类：分配性、生产性、消费性以及盈利性服务业。SIC（英国标准产业分

---

① 根据国家统计局 2003 年印发的《国家统计局关于印发<第三产业划分规定>的通知》（国统字〔2003〕14 号），服务业包括：交通运输、仓储和邮政业；信息传输、计算机服务和软件业；批发和零售业；住宿和餐饮业；金融业（银行业、证券业、保险业、其他金融活动）；房地产业；租赁和商务服务业；科学研究、技术服务和地质勘查业；水利、环境和公共设施管理业；居民服务和其他服务业；教育；卫生、社会保障和社会福利业；文化、体育和娱乐业；公共管理和社会组织、国际组织。

类）将服务业分为消费、生产及综合类。Daniels（1985）将服务业分为生产性服务业和消费性服务业。这也是目前中国学术界常用的二分法。Howells 和 Green（1986）、Gruble 和 Walker（1989）、Coffer（2000）、Hansen（1990，1994）、李江帆（2004）、钟韵、闫小培（2005）、王敬荣（2006）、申玉铭、吴康、任旺兵（2009）以及任英华（2010）等认为生产性服务业包括金融、运输、职业服务、科学服务等行业，其直接服务对象为生产、商务企业，而不是消费者。Gruble 和 Walker（1989）等认为消费性服务业包括批发零售、餐饮住宿、娱乐以及医疗等服务行业，其直接服务对象为个人和家庭。

目前有关服务业集聚的基础性研究包括：影响因素、空间分布特点、集聚模式和集聚效应。

服务业集聚影响因素。Senn（1993）、Bathelt（2002）、吕拉昌和阎小培（2005）、Daniel（1993）从供给角度出发，认为只有不同类型的各种服务产业在同一空间分布，才能更好地满足消费者对多样化偏好需求，这是服务业集聚形成的关键因素。Bathelt（2002）对莱比锡传媒业集群案例研究证明，服务产业集聚是各个产业之间互补共生、生产要素在区域间流动及配置的必然结果。Shearmur 和 Doloreux（2008）关注了商业集聚的问题，他们发现 1990 年以来加拿大商务服务业集聚来源于劳动力市场的协同及溢出效应。Eaton 和 Lipsey（1976）则从需求角度，提出比较购买和需求不可分割性导致消费者选择行为对集群产生的影响。O'Kelly（1981）实证发现，美国 74% 的消费者采用多目标购物行为，导致差异化商业的集聚。Deniels（1985）指出信息技术的进步导致面对面联系的需求降低，但传统、运输以及劳动力等因素依旧会促使服务业向 CBD 集中。Fujita（1990）构建了两个区域、两个行业（制造业和服务业）的空间经济模型，通过对消费者行为和生产者行为的严密数学论证，指出在相邻原则基础上最后的均衡结果将显示服务业会自发形成空间集群。Sell（1993）认为服务业在某一区域的集聚，除了有利于便利地享受相互间的服务，还可以降低由于经济环境的快速变化导致的不确定性。Krugman（1995）将经济区位理论与国际贸易理论相结合,通过垄断竞争模型的严密论证,深层次揭示了服务产业集聚成因的经济机制。Keeble 和 Nachum(2001)分析了英国 300 家咨询公司的调查结果,发现集体学习是促使这些企业在伦敦实现集群的动力。Bathelt 和 Eyuboglu(2007)认为,除了劳动力、工资、办公位置等经济因素,传统和威望等人为因素也会促使生产性服务产业向 CBD 集聚。陈建军(2009)以中国 222 个城市为样本,研究了 2006 年中国生产性服务的各影响因素,发现知识密集度、信息水平、城市规模和政府规模等对其集聚有重要影响。盛龙、陆根尧(2013)采用 2003—2010 年中国地级市样本,发现制造业需求、信息化程度、知识密集度和国有化程度均对生产性服务业集聚产生显著的影响。钟韵(2009)发现我国目前出现的服务业集聚现象,在其形成过程中受到政府的规划和引导影响。

集聚空间分布特点。Daniels(1985)指出生产性服务业在 CBD 高度集聚,然后向郊区零星的转移,最后会在郊区的重要交通位置集聚。吕拉昌、阎小培(2005)研究发现,广州的零售商业、商业楼宇集聚态势为条状,政府部门、机关、学校、科研机构集聚态势为团状,金融、保险、住宿、咨询、代理、餐饮集聚态势为点状和条状相结合。Pandit 和 Cook(2002)通过对英国金融业的空间分布实证研究表明,英国金融业具有分布高度不均衡特征,具体表现为全英国 50% 以上的金融企业分布在伦敦及英国东南地区;而从区域来看,金融业区域内分布同样高度不均,英国工贸部(2001)研究指出,大伦敦区聚集了全英国最重要的服务业集群。伦敦的金融企业主要集中在伦敦金融城,苏格兰金融企业主要集聚在爱丁堡和哥拉斯哥(Pandit 和 cook,2002)。Naresh、Gary 和 Swann(2001)、S. X. B. zhao 等(2004)等考察金融业集聚发现,金融业主要集聚在大城市。金荣学(2009)发现,三分之一的商业银行都集中在 5 个全球最大的城市。Berkoz 和 Eyuboglu(2007)对伊斯坦布尔生产性服务业集群研究证明,城市拥有拥挤交通、老式办公楼、老 CBD 的人口数量和服务企业数量正显著下降,而新 CBD 的人口数量、服务企业数量正逐渐增加,资料显示,目前绝大部分外商均选择在新的 CBD 落户企业总部。Salu 和 KeeBcm

(1998)还发现,现代服务业集聚首先形成单一 CBD 核心,随着服务业的发展,CBD 会呈现出多核局面。从大型服务企业与其小型机构集聚来看,Breandan 等(2007)发现,集聚最显著的特征是大型公司总部往往集中在 CBD 及周边地区,其分支机构分散于副中心区域,且有不断扩展增加的趋势。

集聚模式。李新春(2002)依据企业集群的形成模式,将集群分为三种:历史基础上形成的、沿全球商品价值链形成的和创新网络形成的。Markusen(1996)对英国三个金融业集聚区进行分析后,依据集聚区的特点,提出了马歇尔式新产业区、轮轴式、卫星平台式、政府主导等四种产业集聚模式。Gordon 和 McCann(2000)将集聚模式分为三种:纯地理接近的纯粹式集聚模式、以技术关联性为基础的产业综合体式集聚模式、以人际关系及信任为基础的社会网络式集聚模式。仇保兴(1999)将集聚模式划分为三种类型,即市场型、中卫型和混合网络型。唐珏岚(2010)根据形成阶段驱动力的相对强度,将集聚形成分为原生型集聚模式、嵌入型集聚模式两类。

集聚效应。服务产业在空间集聚,必然会产生集聚正效应与负效应,其中,正的集聚效应会进一步吸引更多的服务企业向集聚空间转移,循环累计因果效应就会出现,反之,负的效应会导致集聚区内企业向其他区域转移与扩散。目前研究集聚正效应的学者较多。Naresh、Gary 和 Swann (2001),Dipasquale 和 Wheston(2004)等认为服务业集聚更易获得蓄水池人力资源,附属产业、基础设施共享,合作的多样化,服务的差异化,前后关联产业合作机会;降低因距离导致的不确定风险,知识和技术的外溢等。在集聚负效应方面,梁华峰(2010)、梅丽霞(2000)等中国学者探讨了服务产业集群的负效应。梁华峰(2010)研究发现中国澳门特区服务产业的区域集聚对银行业、旅行社、运输和仓储 3 个行业出现负集聚效应,梅丽霞(2000)认为产业存在集聚最佳规模,否则会产生集聚不经济。汪彩君(2011)发现,广东、福建、江苏、浙江劳动密集型行业出现要素投入过多,行业出现过度集聚现象。

(2) 服务产业集聚度衡量指标及集聚度测度。

从对服务业集聚的测度范围来看，由于数据收集等问题，导致研究从省级、国家层面测度集聚的较多，研究达到地级市甚至大城市区级层面占少数（如范剑勇，2011；陈良文、杨开忠，2008 等）。

目前对服务产业集聚程度的测度还没有统一标准，但研究者甚多。近年来，各位学者不断优化测度产业集聚程度的各项指标。目前主要使用的集聚测度指标包括集中率（CRn）、赫芬达尔指数（HI）（Herfindal，1950）、空间基尼系数（G）（Krugman，1991）、区位熵以及地理集中指数（EG）、h 指数、MS 指数（Maurel 和 Sedillot，1999）、产业共同集中指数（Duranton 和 Overman，2005）、Moran's 指数、地理信息分析法等。不同指标在测算经济活动地理分布及其变动趋势方面各有优缺点。产业地理集中度（EG）由 Ellisonr Glaeser 1997 年首次提出后，立即成为运用最广泛的集聚测度指标。测度集聚度数据主要来源于各年度的统计年鉴数据，如通过当地城市统计年鉴或者中国统计年鉴，以及城市人口等资料获得产业比重、人口比重以及市场规模等数据测度 HI、EG 等集聚度指标。当然还有些学者采用了问卷调查的方法对产业集聚进行了具体测度，如张世勋（2002），谢洪明、刘少川（2007），谢洪明等（2008）等设计出测度集聚度指标的调查问卷。石斌（2010）、Emsley（2002）、官建成（2004）等学者，用调查数据对产业集聚的具体状况，如市场、生产要素、发展与竞争力、机构支持等进行了测度。

Daniels（1985）、Guillain（1990）通过计算空间自相关指数和区位基尼系数来测算服务业集聚状况，发现生产性服务业集聚程度普遍比消费性服务业高。黄曼慧（2003）利用不变替代弹性生产函数模型对汕头市产业集聚效果进行实证测度，发现汕头市内部集聚经济、布局集聚经济和城市集聚经济都非常弱。Brulhart 和 Traeger（2005）通过熵指数对西欧 1975—2000 年的行业区位进行了测量，发现除了运输业、电信业，其他服务业有比制造业和农业更高的地理集聚度。邓桂枝（2012）以中国 22 个省、市为例，运用区位熵法和 Theil 指数模型测算了 2005—2009 年生产性服务业集聚度,证明中国生产性服务业空间分布存在地域不均衡性,5年间集聚程度波动变化较大,集聚差异总体较大。陈迅、童华建(2006)运用h指数对中国东西部服务业集聚水平进行了计算,发现西部以及西部各城市集聚度均小于东部以及东部各城市。Graham和Kim(2008)对英国服务业集聚测度表明,与制造业集聚度相比,英国服务业的集聚弹性跨度更大。李文秀(2008)采用赫芬达尔指数和空间基尼系数测算了美国不同服务业的集聚程度,发现不同的服务业具有不同的空间集聚特点和不一样的集聚程度。胡霞、魏作磊(2008)用区位熵指数对1997—2005年中国城市服务业的集聚进行了测量,认为城市服务业具有明显的集聚态势,并且强度高于第一、第二产业,但与90年代相比,21世纪服务业集聚程度稍微有所降低,研究发现,由于行业的社会特征、区位特征不同,服务业的集聚程度差异很大。温春龙(2011),曹顺良、刘杰(2008)通过区位熵指标、统计数据和专项调查资料测度了我国各地区信息服务业的地理聚集度。王先庆(2011)通过对h指数进行分解,对广州市批发零售业进行集聚度的测算,发现广州市批发零售业呈现出了集聚态势。金荣学(2010)运用空间基尼系数、区位熵指数,考察了1997—2008年中国交通运输、仓储和邮政业,批发零售业,金融业以及房地产业四类服务业集聚情况,发现四类服务业集聚度最高的地区是珠江三角洲地区和长江三角洲地区。

(3)服务产业集聚的演化综述。

服务业集聚是一个动态演化过程,很多学者认为服务业聚集与产业一样,存在生命周期。Storper和walker(1989)主张将服务业集聚过程划分为5个阶段:导入期、成长期、成熟期、饱和期和衰退期。当产业进入饱和期后,集聚不经济的出现将导致该产业集聚出现衰退。布鲁索(1990)在对意大利产业集聚研究中,依据政府干预程度将集聚区演化过程分为2个阶段:自发形成阶段、政府干预阶段。Naresh和Gary(2003)则认为服务业集聚对经济发展不可能永远存在正效应,会存在一个临界点,超过该点集聚正效应下降甚至出现负效应,服务业集聚区开始衰退。促使服务业演化的原动力,不同的学者有不同的观点:①环境因素。Williamson

(1965)认为,经济不发达、交通落后时,集聚对经济发展非常重要,反之,当经济高度发达,服务业有向边缘区域迁徙现象。②集聚区外诱因。Harrison(1992)认为集聚区外的变动对集聚区内企业间合作及空间集聚态势产生负向影响,当然也有学者持相反观点,Camagni(1991)认为,通过技术劳动力的流动、客户与供应商在技术和组织上的交流、模仿,企业可有效防止锁定,充满活力从而有利于集聚发展。③区内竞争与合作。Staber(2001)、谭劲松(2007)认为,集聚区企业同质化恶劣竞争不利于集群发展,企业间的竞和行为决定了集聚区的变迁过程。④制度因素。李世杰(2014)认为制度不仅通过经济地理因素对产业集聚的演化产生影响,而且可能是要素与产业空间集聚的原动力。⑤网络。Saxienian(1990)研究了硅谷在上世纪七八十年代在经受经济危机的冲击下能够很快复苏的原因,发现硅谷集聚区内高密度和专业知识网络等因素起着关键性作用。Sorenson(2003)提出集群存在于某一特定空间的原因,在于该空间存在不可移植的社会关系,而集群的密度以及持续性取决于该区域社会关系的优良程度。⑥其他因素。Robert 和 Daniel(1998)认为,服务业不可能完全集聚,服务业在大城市以及偏远地区会同时存在的。服务业之间会存在差异性交易特质,如不同的服务业在交易时的复杂程度、时间长短和交易频率都会显著影响服务业的空间布局。

1.2.2 社会资本相关研究综述

社会资本最早由法国社会学家 bourdieu(1980)系统分析过,很快被经济学家发现并应用于经济学研究领域。社会资本是通过社会关系得到的资本(bourdieu,1980;lin,1982;Coleman,1990;burt,1992;Putnam,1993;Portes,1998)。Jacbos(1961)指出网络是一个城市不可替代的社会资本。集聚区内社会资本具体包括企业与研究机构、政府机构等集群内机构以及企业间结成的社会关系网络,以及信任、规范和文化等。

社会资本的价值。Granovetter(1973)认为,社会资本具有社会性,这种社会性来源于行为人之间的非市场相互作用所带来的经济效应,这种相互作用产生了三种外部性：一是获得他人行为的信息；二是获得非行为环境的知识；三是克服了"搭便车"。林南（1982）认为，有两种类型的资源可以获取和使用，一是个人资源，包括人力资本。一是社会资源，包括社会资本。林南认为，社会资本通过发展和维持社会关系产生的，因此一旦两个企业间建立某种关系，则企业可获得对方的资源甚至社会资本，且企业积累社会资本的速度要比企业积累人力资本的速度要快得多。Putnam（1993）认为社会资本促进与增强了社区的规范与信任，这对社区福利的维持以及发展非常重要，因此，当企业希望提高目的行动成功的概率时，动员社会资本是非常有必要的。陆铭（2008）指出，价格等正式制度可以促进经济发展，而作为非正式制度的社会资本在市场缺乏时，是可以与正式制度互补互替的，两者共同促进企业发展。蔡华林（2005）发现，集群内企业并不仅仅存在交易关系，除了正式的市场交易规范外，企业还可以通过非正式的社会资本网络等因素来决定企业行为模式的。Dore（1986）发现，儒家文化具有互惠的亲善，导致网络关系成为亚洲企业发展的一个关键因素。在意大利，Brusco（1989）通过对 Emilia-Romagna 地区的研究，揭示企业之间的社会结构网络与社会网络存在密切联系，两者相互影响。2019 年，越来越多的学者证明，社会资本是影响企业绩效的关键性因素（Lyles etal.，2004；蒋春燕，2006 等）。

　　社会资本的分类。Nahapiet 和 Ghoshal（1997）将企业社会资本分为结构维、关系维以及认知维，也是目前引用最多的分类方法。谢先达、卜庆军（2006）认为集群内包括企业内部社会资本及企业外部社会资本。陈捷、卢春龙（2009），Putnam（2000）等将社会资本分为共通性社会资本和特定性社会资本，两者区别在于社会网络是开放式还是排他性的，若是开放式的，则为共通性社会资本；若是排他性的，则为特定性社会资本。张魁伟、许可（2007）将集聚区内社会资本分为 3 个层面：微观层、中观层及宏观层，其中企业家社会资本是微观层最重要的要素。耿新、张体勤（2010）将企业家社会资本分为 3 个维度：企业家商业社会资本、企业家制度社会资本、企业家技术社会资本。依据联系的强度、频率和时间，

Granovetter（1973）等还将社会资本分为强关系资本和弱关系资本。

社会资本与服务业关系密切。从整个服务过程来看，选择服务企业，品牌效应对消费者的最终决策影响重大（孙欣，2002）；提供服务过程中，服务企业与消费者直接互动交流（石卫国、张海鹏，2003）；服务结束后，维系与客户之间的关系非常重要（石卫国、张海鹏，2003），因此研究服务业社会资本非常有实践价值。如张俊生等（2005）研究发现，社会资本与金融业发展正相关。Ariani（2010）对瓜哇主要城市的128家银行通过问卷调查研究后发现，社会资本影响营销计划、产品创新等。目前已有的对服务业社会资本的研究主要是在服务业某个行业层次、某个社会资本视角来展开。如会计师事务所［易综（2003）等主要关注诚信问题］、银行业［邓俊锋（2004）等主要关注腐败问题］、律师事务所［赵爱玲（2008）主要关注欺诈问题］等。从文献来看，目前研究社会资本文献较多，但聚焦于研究社会资本与服务产业集聚关系的文献较鲜见。

社会资本测度。对社会资本进行直接测度是非常困难的，为了进行实证研究，我们需要用各种替代指标。如 Putnam（1993），张维迎和柯荣住（2002），Guiso et al（2004），张俊生、曾亚敏（2005），吴文锋等（2009）等均用一系列替代指标如信任、规范、互联网上网人数、拥有的社会网络数量等指标衡量社会资本。在国际上，加斯蒂尔自由屋、ICRG、BERI、BI、竞争力指数、世界价值调查等资料提供了相关社会资本测度指标及相关数据。当然到目前为止还没有找到大家一致认可的指标（Grootaert，2004）。在中国目前对社会资本的衡量有两种方法，一是以单一替代指标，如献血率、信任指数、以及规范指数等衡量；二是通过问卷调查获得多维度社会资本数据。一般来说，后者不仅可以通过设计问卷直接询问企业，还可以通过企业的核心讨论网、拜年网以及宴席网等间接测量企业的社会资本。Ya Hui Hsu 和 wenchang Fang（2008）、Edvislsson（1997）、Slewart（1997）、Johnson（1999）、张方华（2004）等，采用 likert 评分法通过调查问卷对社会资本进行了测量。也有专家从不同角度对社会资本进行了测度，如 Zahear（1998）测量了关系性社会资本，Ghoshal（1998）测量了认知性社会资本，韦影（2007）、杜建华等（2009）建立了衡量结构社会资本、关系社会资本和认知社会资本的指标体系。唐铭聪（2003），谢洪明（2008），Nahapiet & Ghoshal（1998）等分别设计问卷，对集群社会资本进行测量。

1.2.3 社会资本与服务业集聚互动的研究综述

1. 社会资本对服务业集聚的影响综述。

社会资本对服务业集聚的作用。通常，社会网络及信任等社会资本，在集聚区发挥着以下作用：促进知识流动与共享（Tauchen 和 witte, 1983；Krafft, 2004；Dahl 和 Pedersen, 2004 等）、建立信任（Parsons, 1963；Homans, 1950；Paxton, 1999；Luhmann, 1988；Rutten Roel, 2007 等）、节省成本（蔡华林, 2005 等）、获取信息（Granovetter, 1973；Huallachain, 1985；Coleman, 1990；任英华, 2008 等）、提高生产率（Mesquita 和 Lazzarini, 2008 等，Woolcock 和 Narayan, 2000 等）、减少不确定性（史宝康、丁宁, 2006；Scott, 1988）、获得稀缺资源（Granovetter, 1973；Sorenson, 2003 等）、提高企业其他资本效率（Woolcock 和 Narayan, 2000 等）。总之，社会资本对服务产业集聚是有积极作用的。Saxenian（1985）发现企业、大学、研究机构、商业协会等网络关系且被大部分理论以及实证分析所证实，如对于美国硅谷以及128公路的发展与复苏起着重要作用。Rranovetter（1973）对马达加斯加的贸易商调查中发现，贸易商认为导致生意成功的因素诸多，其中关系是最重要的因素。聂鸣（2004）认为班加罗尔软件集群的网络、信任等，可以更丰富的解释其产业取得的瞩目成绩。Takeuchi（1994）在研究日本东京附近中小企业群时，发现企业间的高度协作和信息交流是这批企业充满活力的关键原因。吴强军（2004）证明，集群内企业发展的过程实际上是企业构建、维持、开发、利用网络关系及其资源的过程。Krugman（1993）认为，与"第一性质"（地理、历史因素）相比，"第二性质"（社会资本等）在研究产业迁徙方面更有意义。由于该类实证研究甚多，在此不再一一列举。

在服务业集聚区内存在各个层级的社会资本子网络，具体包括与竞争者、合作者以及中介组织等分别建立的各种关系子网络。魏江（2003）将子网络分为三类：（1）核心价值网络，包括与供应商、竞争者、消费者和相关企业构建的关系网络。（2）可控支持网络，包括与代理机构、公共服务机构等构建的关系网络。（3）不可控支持网络，包括与政府、集聚区外企业与组织构建的关系网络。他认为企业要重点关注核心价值网络。Molina 和 Morales（2005）的研究与魏江一致，并认为集群网络结构包括密集网与稀疏网，且两者同样重要。

针对集群拥有的不同层级不同范围的子社会网络，有些学者认为企业应该区别对待。不同的研究者（Beugelsdijk，2003；Dyer 和 Singh，1998；McEvily 和 Zaheer，1999 等）从不同子网络角度出发，如供应商、经销商、客户以及其他合作企业，研究了社会资本各子网络如何促进产业集聚形成与发展的。Salu 和 KeeBcm（1998）、李新春（2002）、蔡绍洪（2007）等学者强调政府子网络的作用，他们认为服务业集聚及其演化过程中，政府社会资本起关键性作用。除了关注集聚区社会资本促进服务业集聚区发展，还有部分学者发现集聚区外社会资本同样促进集聚区企业绩效的提升。如 Doloreux（2004）发现经济全球化对产业集聚也有重要影响。keeble（1998）、Keeble 和 Nachum（2001）、Amin 和 thrift（1992）等分别指出服务业集聚更多的依赖越来越重要的全球网络与集群企业间的联系。

那么社会资本越多，集聚区的服务企业竞争力是否越强呢？Uzzi（1997），Grabber（1993），Zaheer（1999），Triglia（2000），王辑慈（2003），Molina、Morales F、Martinez Fernabdez（2009）等研究发现，丰富关系网络对企业竞争力有积极正向的影响，但社会资本超过一定水平，会产生锁定效应，如关系锁定、制度锁定、技术锁定以及功能锁定等，Hansen（1999）提出员工间的知识同质性，会造成集群失去活力，对服务业集群的发展产生负面影响，因此学者认为社会资本对于集聚的影响呈倒 U 型。Granovetter（1973、1985）、Burt（1992）等证明弱关系易于获得各种非冗余的新信息，强关系虽然能够可靠的把信息传递给相关人员，但容易产生锁定，为了防止锁定，Grannovetter（1973）强调企业要发展更多的弱关系网络，以获取其他群体的异质信息以及异质性资源。

2. 集聚对社会资本的影响综述。

相对来说，服务业集聚对社会资本影响的相关研究并不多。不过学者普遍认为，服务集聚区拥有更丰富的社会资本，服务集聚区的提升有利于社会资本的优化。王永进、盛丹（2013）采用中国工业数据库1998—2007年数据研究证明，集聚能显著促进企业信用，但对国有企业的影响不显著，对非国有企业影响显著；对大型企业影响显著，而对小型企业影响不显著，对外资、港台企业，资本密集型以及高全要素生产率的企业的影响更大。Pallvos和Wang（1996），李永周、姚画、桂彬（2009）等认为，知识在集聚区内创造、储存、传播与流动，商品在集聚区内的购买以及销售，以及隐形经验的交流，为企业提供了更广泛的获得社会资本的机会，也更容易在集聚区形成新的信息、共同价值、行为规范以及声誉等。崔祥民（2010）指出，服务产业集群可以优化社会资本，让企业间信任机制由个人信任（较低级社会资本）向制度信任（较高级社会资本）转化。

以上综述表明，社会资本与服务业集聚相互影响，本书主要研究社会资本对服务业集聚的影响。

1.3 主要研究内容

本书在综述前人关于社会资本、服务业集聚相关研究的基础上，对中国大地理范围内以及广州小地理范围内的服务业进行了集聚水平的测度，并定量研究结合案列分析了社会资本对服务业集聚各个阶段（包括集聚的形成阶段、集聚发展阶段以及集聚升级阶段）的具体促进作用。

具体来说，本书的研究内容主要包括以下几个部分：

第一部分，对本书所涉及的两个变量社会资本与服务业集聚的相关理论进行了综述和评价。综述了社会资本的概念、分类，产业集聚、服务产业的集聚和服务业集聚演化。在以上基础上，对社会资本与服务业集聚互动关系进行了综述。

第二部分，本部分试图对14类服务行业集聚程度进行测算，运用EG指数测度2005—2011年广东小地理范围以及全国大地理范围服务业集聚状况，数据表明广东服务业集聚度总体目前处于中等集聚水平，其中消费性服务业、生产性服务业以及公共服务业分别具有高、中以及低的集聚度。实证发现，与广东服务业GDP相关性较强的行业是技术含量较低、劳动密集性的消费服务业，广东生产性服务业集聚度易受经济波动的影响。全国大地理范围服务业亦存在集聚现象，然而，全国大地理范围服务业集聚程度在7年内呈下降趋势，该结论说明，中国省份间各行业空间分布与该行业在全国的平均空间分布间的差异程度明显缩小，省份间的服务行业集聚水平差异缩小，但依旧明显。

第三部分，本部分在分工视角下研究了企业空间选择和社会资本出现的必然性。本部分研究发现，分工天然会促进服务业集聚、提升企业社会资本。在分工体系里，自发产生的社会资本对服务业集聚、集聚区绩效以及创新和集聚区边界具有重要影响，因此重视适宜的社会资本是合理的，该结论对当代经济社会正确处理社会资本与集聚甚至经济问题具有重要意义。

第四部分，不同地区的社会资本有明显差异导致区域内以及区域间服务业交易成本以及生产成本不一致，这会影响服务业生产区位的选择。本部分建立了一个包含社会资本的FE一般均衡空间经济模型，并对本理论模型进行了数据模拟。分析结果表明，社会资本会促使服务产业稳定地向社会资本多的区域转移。

第五部分，本部分以全国2003—2010年的14类服务业集聚为样本，实证研究证明社会资本对服务业集聚有显著正向影响，但超过一定水平后，影响力下降，甚至出现社会资本与服务业集聚负相关现象。地方政府干预与服务业集聚显著正相关，而且社会资本与政府干预在服务业集聚中所起的作用可以相互替代。本部分将120个城市分为东部、西部两个区域，分别实证研究了两个区域社会资本、政府干预以及服务业集聚的差异以及三者之间的关系。

第六部分，本部分以广东为主的129家服务企业为样本，采用结构方程对其实证分析，结果显示，内部社会资本与实现吸收能力、显著正相关，集聚度与企业潜在吸收能力显著正相关，外部社会资本与潜在吸收能力以及实现吸收能力均显著正相关。内部社会资本与外部社会资本有共生关系，集聚度与外部社会资本有共生关系，与内部社会资本无显著正相关关系，集聚度以及社会资本通过吸收能力中介作用影响企业绩效。

第七部分，本部分运用经验案例证明社会资本三维度投资能够促进日益开放竞争加剧的服务业集聚升级需要。自20世纪80年代至今，广州天河路商圈发展历程证明，服务业集聚升级需要构建适应内外环境的，并能真正对升级后集群企业发展方式与结构转换起支撑作用的社会资本网络，然后在集群升级稳定一段时间后会有下一轮内外环境的变动而引起的社会资本重构和集聚再升级的序列周而复始的演化过程。

第八部分，总结本书的分析结论，提出政策建议及对未来发展趋势的展望。

1.4 研究设计

1.4.1 研究方法

本书主要采用理论和实证研究相结合、描述性与规范性研究相结合的综合研究方法，通过回顾、总结、归纳已有的经典理论，发现尚待解决的问题，然后运用产业经济学、社会资本理论、经济地理学等多学科相关理论对社会资本与服务业集聚相关问题进行研究。

在工作方法上，除了阅读大量的理论文献，查阅城市人口，中国统计年鉴，城市统计年鉴等获取相关资料，还通过社会调研方法获得服务产业集聚、社会资本的相关资料和信息。

在工具方面，本书主要采用 SPSS19.0、Amos22、Stata10 以及 Mathematica 等软件来分析。

1.4.2 技术路线

技术路线如图 1-1 所示。

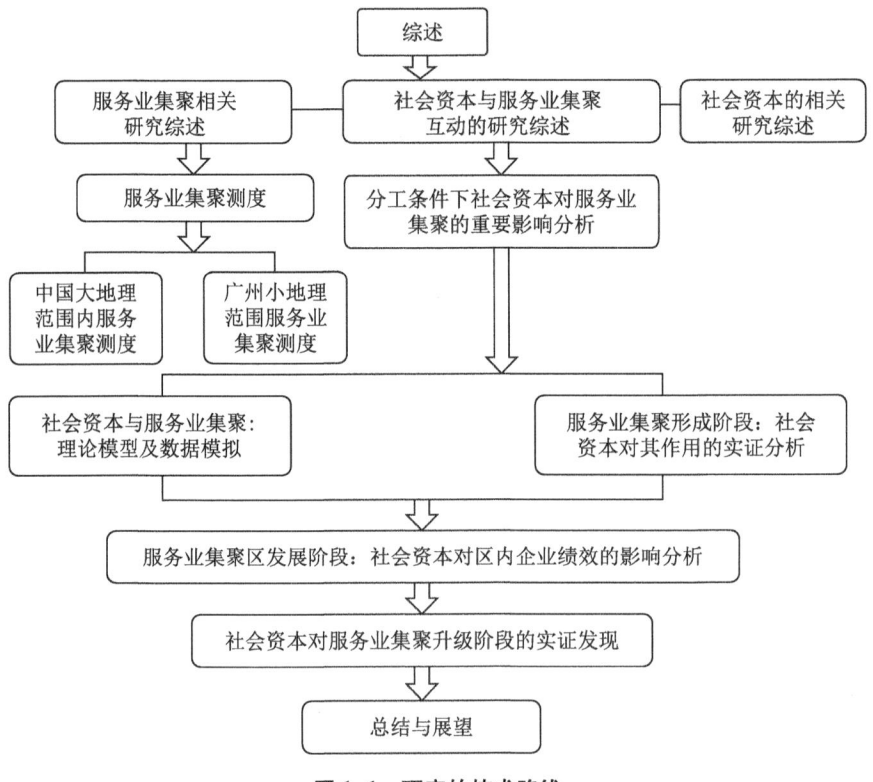

图 1-1 研究的技术路线

1.5 创新之处

第一，研究分工条件下社会资本和服务业集聚存在的必然性，以及分工系统里，社会资本对服务业集聚的重要促进作用。

第二，从社会资本的角度，实证探讨了社会资本对服务业集聚形成、发展以及升级的影响。

2 服务业集聚测度

我们发现目前对中国服务业集聚测度较多，但以往关于服务业集聚测度研究对象以整个中国大地理范围为主，测度出来的服务业集聚水平是以省为基础单位的。范剑勇（2011）将产业集聚分为大地理与小地理范围产业集聚，其中后者指大城市与农村、大型城市与小型城市之间的集聚差距与效率差距，并认为研究小地理范围内的服务业集聚应更有意义。本章通过对全国大地理范围、广东省小地理范围服务集聚进行测度，可以更清晰地讨论区域服务业集聚的情况。选择广东省服务集聚企业分析主要考虑以下因素：广东省服务业比较发达，广东省服务业增加值比重以及服务业产值均居中国前列，服务业集聚度高。选择以全国大地理范围与广东地理范围同步研究，不仅有利于我们了解全国各省级之间服务业集聚的差异，了解小地理范围是否真的存在服务业集聚，为本书后续章节的研究打下坚实的基础，更有利于我们了解全国平均水平集聚程度与较发达集聚水平地区之间集聚的差异。

集聚水平与经济增长正相关，该假设若不成立，则研究利用社会资本促进经济增长将毫无意义，因此在本章我们还探讨了服务业集聚对经济增长及波动的影响，这对后续章节研究为何以及如何在理论实践中促进服务业集聚具有重要意义。

本章分四部分进行论述。第一部分，描述了全国与广东服务业发展现状。第二部分，运用 EG 指数等集聚指标，测度了全国及广东 14 类服务行业的集聚程度。第三部分，实证分析服务业集聚与经济增长之间的关系，以及经济波动是否影响三类服务业集聚以及影响程度。第四部分，结论部分。

2.1 全国大地理范围服务业与广东省小地理范围服务业现状描述

遵循 Herbert 和 Ichae（1989）的观点，将 14 类服务产业分为三类，消费服务业、公共服务业以及生产服务业。消费服务业主要是向最终消费者提供服务和劳务，公共服务业是有国家行动介入的一类服务业，生产服务业是主要向生产者提供服务和劳务（Greenfield，1966）。

表 2-1 服务业分类及对应的服务行业

分类	对应的服务业
消费服务业	批发与零售；住宿与餐饮；居民与其他服务业
生产服务业	交通运输、仓储与邮政业；信息传输、计算机服务与软件业；金融；房地产；租赁与商务服务业；科学研究、技术服务与地质勘探业；文化、体育与娱乐业
公共服务业	公共管理与社会组织；水利、环境与公共设施管理业；教育；卫生、社会保障与社会福利业

资料来源：主要依据陈建军、李江帆等发表资料整理而获得。

一般来说，经济越发达的国家与地区服务业占 GDP 的比重越高。发达国家服务业增加值占 GDP 比重在 20 世纪 70 年代中期已超过 50%，现已升至甚至超过 70%。从三大分类来看，公共服务业因非盈利性特征导致其产值低且被低估。从生产服务业来看，李江帆（2004）认为生产服务业对国民经济具有重要影响，因此在服务业中具有重要的战略地位。Herbert 和 Ichae（1989）研究发现，美国、加拿大等国家生产服务业一般都占本国服务业名义 GDP 一半以上。

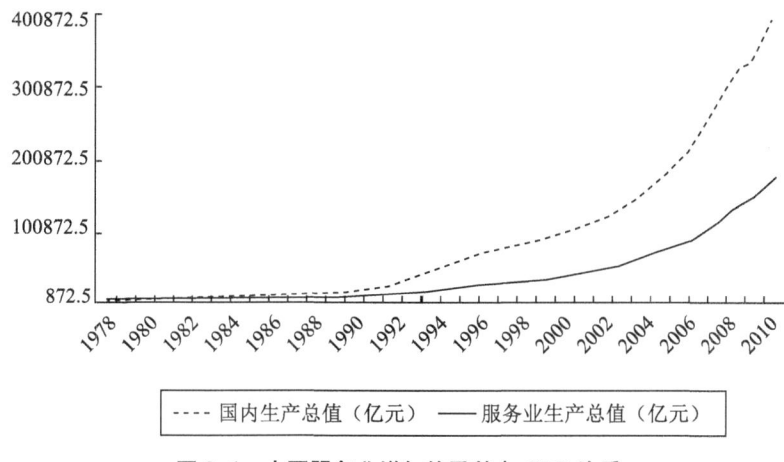

图 2-1 中国服务业增加值及其占 GDP 比重

2.1.1 对全国大地理范围服务业的现状描述

1978—2011 年，全国服务业增加值及其占 GDP 比重如图 2-1①所示。从图 2-1 来看，全国服务业增加值在 GDP 中的比重逐年上升，1998 年后增长迅猛，2011 年按国民经济核算全国服务业占生产总值比例的 43.3%，服务业逐渐超过制造业成为国民经济第一大产业，但与发达国家相比，中国并没有形成为以服务为主导的产业结构体系，中国服务业发展水平不足。

图 2-2 为 2011 年中国 14 类服务行业在第三产业的比例。从图 2-2 可看出 2012 年中国消费服务业、公共服务业和生产服务业产值分别占总服务产值的 30%、21%和 49%，生产服务业已成为中国第三产业的最大组成部分。从行业来看，中国服务业产值最高的三大行业分为批发零售业、房地产业、金融业，分别占服务业总产值的 22%、13%、12%，总计占总服务产值的 46%，其中前者属于消费服务业，后两者属于生产服务业。14 类服务行业中，水利、环境和公共设施管理业，卫生、社会保障和社会福利，文化、体育和娱

---

① 图 2-1、图 2-2 根据 2012 年《全国统计年鉴》数据整理得到。其中 F1~F14 指代服务行业，依次为交通运输、仓储与邮政业；信息传输、计算机服务与软件业；批发零售业；住宿与餐饮业；金融业；房地产业；租赁与商务服务业；科学研究、技术服务与地质勘探业；水利、环境与公共设施管理业；居民服务与其他服务业；教育；卫生、社会保障与社会福利业；文化、体育与娱乐业；公共管理与社会组织。本章剩余部分亦用 F1~F14 指代相应服务行业。

乐业以及科学研究、技术服务与地质勘探业四类产业产值所占比重较低，总计占 8%，其中，前三行业均属于公共服务业类范畴，其非盈利特性决定了产值低的非偶性。

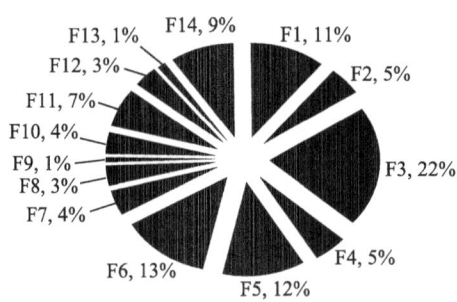

图 2-2　2012 年全国 14 类服务业产值在第三产业中的比重

2.1.2　对广东省小地理范围服务业的现状描述

1978—2011 年，广东服务业增加值及其占 GDP 比重如图 2-3 所示。从图 2-3 来看，广东服务业增加值在 GDP 中的比重逐年上升。与全国服务增长相比，广东服务业 1998 年后增速更猛，2011 年按国民经济核算占地区生产总值比例超过全国水平达到 45.3%；2011 年后广东经济推动力发生重大结构变化，服务业已成为广东主导产业，其发展水平与发达国家差距明显缩小。

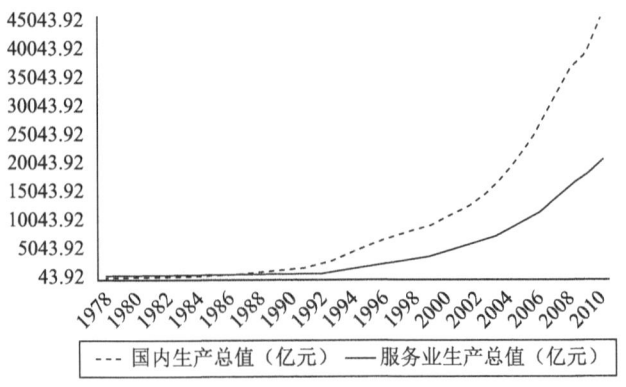

图 2-3　广东省服务业增加值及其占 GDP 比重

图 2-4 为 2011 年广东 14 类服务业占第三产业的比重。从图 2-4 可看出，广东消费服务业、公共服务业以及生产服务业产值占总服务产值的比重分别为 32%、17%和 51%，其中广东生产服务业比重最高对广东经济发展具有重要影响。2011 年广东服务业产值最高的三类行业与全国相同，分别为批发零售业、房地产业、金融业，占广东服务业总产值的比重分别为 24%、14%和 12%，总计占总产值的 50%；2011 年广东服务业产值最低的三类行业分别为文化、体育与娱乐业，卫生、社会保障与社会福利业，科学研究、技术服务与地质勘探业，占广东服务业总产值的比重分别为 1%、1%和 2%。

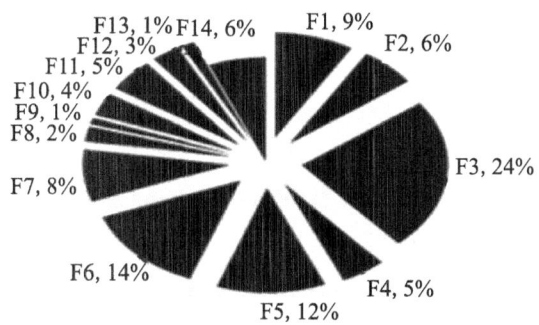

图 2-4　2012 年广东省 14 类服务业产值在第三产业中的比重

2.1.3　全国大地理范围服务业与广东省小地理范围服务业的现状分析

第一，从服务业产值来看，全国与广东服务业产值、贡献率发展趋势相同，均在 20 世纪 90 年中期以后有显著增长，但从总量以及占 GDP 比重来看，广东服务业均显著高于全国服务业平均水平。从 14 类服务业占第三产业的比重来看，广东与全国均为生产服务业对第三产业的贡献最大，公共服务业对第三产业的贡献最小，两者对比来看，公共服务业在全国的比重要略高于在广东的比重，而生产服务业在全国的比重要略低于广东水平。

第二，从服务业空间布局来看，广东服务业发展超过全国服务业发展平均水平，说明服务业可能存在明显的地区集聚效应，即从全国大地理范围来看可能存在服务业在广东集聚的现象。另外,广东生产服务业产值明显高于全国生产服务业平均产值,说明可能存在生产服务业在广东集聚现象。本分析结论有待下文进一步证实。

第三,从服务行业来看,无论是全国大地理范围服务业还是广东小地理范围内服务业、传统服务行业,如批发零售业,在服务业产值比重中均占地较大,对区域经济具有重要影响。

2.2 服务业集聚测度指标及分析

2.2.1 服务业测度指标

乔彬、李国平等(2007)将产业集聚指标分为第一代、第二代以及第三代测度指标,其中,第一代指标包括集中率(CRn)、赫芬达尔指数(HI)、空间基尼系数(G)等,第三代指标包括产业共同集中指数等,目前中国学者普遍采用第二代地理集中度(EG)指标来测度服务业或者制造业集聚程度。本章主要采用地理集中度(EG)来测度全国及广东服务业集聚程度。计算公式如下:

$$\gamma_i = \frac{G_i - \left(1 - \sum_i \left(\frac{\sum_{i=1}^n e_{ij}}{\sum_{i=1}^n \sum_{j=1}^m e_{ij}}\right)_i^2\right) H_i}{\left(1 - \sum_i \left(\frac{\sum_{i=1}^n e_{ij}}{\sum_{i=1}^n \sum_{j=1}^m e_{ij}}\right)_i^2\right)(1 - H_i)} \quad (2.1)$$

其中,

$$G_i = \sum \left(\frac{e_{ij}}{\sum_{j=1}^m e_{ij}} - \frac{\sum_{i=1}^n e_{ij}}{\sum_{i=1}^n \sum_{j=1}^m e_{ij}}\right)^2 \quad (2.2)$$

$$H_i = \sum_{j=1}^l \left(\frac{e_{ij}}{T_i}\right)^2 \quad (2.3)$$

γ_i 代表地理集中度（EG）指数，计算公式见（2.1）；H_i 是行业 i 的赫芬达尔系数，计算公式见（2.3）；G_i 是行业 i 的空间基尼系数，计算见公式（2.2）。i、j、e、T 分别指行业、地区、产值（就业人数）以及行业总产值（就业人数），n，m，l 分别指行业总数、地区数量以及行业企业数量。由于全国及广东均没有发布企业就业人员以及企业产值等详细数据，因此借鉴杨洪焦（2008）假设，即假定每个区域某类产业内所有企业均有同等规模，依据假设，则公式（2.3）可修改为如下：

$$H_i = \sum_{j=1}^{m} \frac{(e_{ij}/c_{ij})^2}{T} c_{ij} \tag{2.4}$$

G、γ 越大，表明某行业在空间上的集聚程度越高。具体来说，G=0 说明行业地理分布均衡，G=1 则表明行业集聚于某个区域；γ 判断集聚程度规律（Ellison 和 Glaeser，1997）为：$\gamma \leq 0.02$，$0.02 \leq \gamma \leq 0.05$，$0.05 \leq \gamma$ 分别表示低度、中度、高度集聚程度。

HI 更多衡量企业规模状况。当 $HI \geq 0.18$，表明行业为高度寡占型，该情况鲜见。而 $0.1 \leq HI < 0.18$，$0.05 \leq HI < 0.1$，$0.02 \leq HI < 0.05$，$0.01 \leq HI < 0.02$，$HI \leq 0.01$ 分别表示行业为低度寡占型、低度竞争型、分散竞争型、高度分散型以及极端分散型。

2.2.2 对服务业测度指标优缺点的说明

1997 年，Ellison 和 Glaeser 首次提出了产业地理集中指数（EG），随后 EG 指数立即成为运用最广泛的集聚测度指标。Baldwin、R. E 和 Okubo、T（2006）对瑞典 1975—1993 年的服务业与制造业集聚水平进行测算，发现前者 EG 指数介于 0.014~0.322 之间，后者一半以上 EG 指数大于 0.05，两者呈现出异质集聚特征。Daniels（1985）在测算 G 指数基础上，指出生产性服务的集聚程度要比消费性服务业高。马风华（2006）对中国服务行业集聚程度进行了测定，发现在 1998—2002 年无明显的服务业集聚现象，但集聚程度呈增长态势，中国服务业分布极不平衡。杨勇（2008）主要通过 G 指数对中国东中西部地区的服务业集聚度进行了测算，发现东部服务业集聚程度更高。任英华（2011）分别从静动两态测度了中国服务业 2003—2007 年空间集聚的特征，发现中国服务产业集聚程度偏低。这些实证分析基本表明中国服务业集聚水平偏低，但有上升态势，服务业表现出一定程度的区域异质性。

但是学者在使用 EG 指数，G 指数对产业集聚进引测度时，却逐渐发现产业地理集中指数 EG 指数以及空间基尼系数 G 系数有其测度缺陷。

第一，任英华（2010）指出 G 系数、EG 指数只能对服务业集聚进行静态描述性分析和简单历史比较，以及对同一区域服务结构内集聚程度的简单比较，而不能对不同地区间集聚度进行比较。且由于数据的不可获得性，导致不能对 14 类服务行业更细分的基础上进行细分行业的测度。

第二，EG 指数、G 指数测度结果缺乏可靠性。范剑勇（2011）认为研究以城区为对象的小地理范围产业集聚更有意义，而 EG 指数仅仅能实现对国与国之间、以及国的测度，但是从全国进行集聚测算意义不大，集聚以区、都市为集聚空间范围，因此研究以区、省为范围的集聚测算较有意义。但 EG 指数、G 指数却会因测度空间范围的改变而测度结果呈现有偏性。

第三，胡健（2013）认为，G 是克鲁格曼在检验中心—外围模型时使用的产业集聚测度方法，然而现代服务业无论从世界范围如日本、美国来看，还是从中国的北京、上海、广州以及其他区域来看，服务业集聚都不会形成中心—外围结构，均经历了从一核到多核的演化现象，因此适合一核的 G 系数并不合适目前多核的服务业集聚分析。EG 指数是以 G 系数为基础，因此保留了 G 系数上述局限性。

第四，EG 指数一般测度的是基于行政划分的区域产业，而不能基于地理多空间尺度的测度，且 EG 指数和 G 指数要求数据的随机分布统计特征，但实践中难以满足。

第五，胡健（2013）认为 EG 指数仅适宜于测度一般性行业，对于高度垄断、高度集中的或者高度分散的产业，如果采用 EG 指数对其产业集聚进行测度，则会出现该指数偏低（偏高）的情况。而实际上，对于大部分服务行业，如邮政业、金融业、房地产业，以及公共服务业均为高度垄断的产业，因此采用 EG 指数存在一定的局限性。

但是服务业集聚测度指标 EG 指数有其优点。一是产业集聚测度方法较多,由于第一代指标本质测度的是产业在区域分布上的不均衡而不是集聚度,第三代测度指标产业共同集中指数,因采集企业层面数据以及企业间距离数据困难而被无奈放弃,因此主流学者在测算服务业集聚时往往采用 EG 指数。EG 指数相关数据具有可获得性,且测度集聚时比其他指标更接近现实。二是 G 系数、EG 指数计算简单,具有行业间可比性特征。且 EG 指数"区分了随机集中和企业共享外部性和自然优势的集中"(刘春霞,2006)。

鉴于此,本章依旧采用 G 系数、EG 指数来测度服务业集聚水平,但分析可知,以全国省级数据样本分析服务业集聚具有局限性,因此,本章依据范剑勇的作法,对大地理范围全国以及小地理范围代表性区域——广东省服务业集聚进行了测度(当然如果以某个城市进行服务业集聚测度更适宜,但考虑到数据的可得性,本章还是选择以代表省份广东为研究对象进行服务业的集聚测度)。在测度以前,先作以下说明。

第一,全国样本测算的以 G 系数、EG 指数等代表的集聚度,如果集聚度较高(按照标准 $\gamma \leq 0.02$,$0.02 \leq \gamma \leq 0.05$,$0.05 \leq \gamma$ 分别表示低度、中度、高度集聚程度),意味着该行业的空间分布与整个产业在全国空间平均分布之间存在差异,表明省份间该行业产值差异较大,该行业更多集聚于某个省份。但是全国集聚度降低,一方面并不必然表示产业在扩散而不是集聚,另一方面并不表明集聚不在省内发生,因此需要以代表性区域广东省来说明省份内服务业集聚情况。

第二,空间基尼系数、EG 指数等可实现产业集聚度跨产业、跨时间比较,因此本章对全国范围内的 14 大产业进行了比较分析,对 2005—2011 年的 14 大产业进行了跨时间分析,这是合理的。同等操作适应于广东省。

第三,正如杨林涛(2014)指出中国制造业集聚测度的意义一样,通过 G 指数、EG 指数测度的全国大地理范围内与广东小地理范围内的集聚水平,仅表明各个服务行业在全国省份间以及广东省内各区域间的不均衡分布程度,并不能直接表明在全国省份间以及广东省内各区域间该服务行业的发展水平。

第四，G 指数、EG 指数虽然在测度集聚程度方面存在缺陷，但其测度优点依旧让其成为目前学术界使用最多的测度工具。EG 指数是为了克服垄断导致 G 指数在测度集聚度方面的失灵而设计的，因此，当 HI 指数越低，行业竞争度越高；垄断程度越低，则 G 指数对集聚度的测度与 EG 指数越一致。

2.3 对全国大地理范围以及广东省小地理范围服务业集聚测度

2.3.1 对全国大地理范围服务业集聚的测度

由于 2003 年服务业分类和统计口径实施调整，以及为了与广东省集聚测度年份一致，本章选取 2005 年、2006 年、2007 年、2008 年、2009 年、2010 年、2011 年进行研究。江小涓（2011）研究发现，中国服务业产值被严重低估[①]，因此计算公式中的 e、T 以就业人数表示，m = 31 个省、市、自治区。其中各行业就业人数数据来源于《中国城市统计年鉴》（2006—2012 年），各行业企业个数数据来源于《中国第三产业统计年鉴》（2006—2012 年）。2010—2011 年全国分为 m = 31 个省、市、自治区。2005—2011 年全国服务业 HI 系数测度结果见表 2-2，全国服务业 G 系数、EG 指数测度结果见表 2-3、表 2-4。

表 2-2　2005—2011 年全国服务业 HI 系数

序号	2005 年	2007 年	2008 年	2009 年	2010 年	2011 年	增长（%）
F1	1.3324E-05	1.17357E-05	7.71311E-06	6.64172E-06	1.35767E-05	5.59927E-06	-0.58
F2	1.52674E-05	1.26743E-05	8.4247E-06	7.0136E-06	1.55432E-05	6.40235E-06	-0.58
F3	1.36274E-06	1.15035E-06	8.64882E-07	6.72372E-07	1.49273E-06	5.19375E-07	-0.62

---

① 江小涓指出，各国经济统计中，服务经济遗漏都较多。中国常规统计的主要问题是低估了服务业的规模和比重。

续表

序号	2005年	2007年	2008年	2009年	2010年	2011年	增长(%)
F4	1.05133E-05	9.80661E-06	8.14038E-06	7.4018E-06	1.20235E-05	6.61944E-06	-0.37
F5	4.52419E-05	4.05189E-05	4.88467E-05	3.07865E-05	4.39076E-05	2.18788E-05	-0.52
F6	7.89899E-06	7.14506E-06	6.28775E-06	4.91951E-06	1.32919E-05	4.0357E-06	-0.49
F7	3.74602E-06	3.26474E-06	2.9158E-06	2.20627E-06	3.51315E-06	1.76305E-06	-0.53
F8	7.46477E-06	6.89268E-06	5.76022E-06	4.85431E-06	1.56674E-05	4.1442E-06	-0.44
F9	2.3883E-05	2.26002E-05	1.9381E-05	1.77573E-05	1.99002E-05	1.61338E-05	-0.93
F10	1.63809E-05	1.77957E-05	1.28978E-05	7.24919E-07	2.23251E-05	9.21911E-06	0.44
F11	3.45867E-06	3.42041E-06	3.1093E-06	3.01771E-06	5.23088E-06	2.9798E-06	-0.14
F12	6.89592E-06	6.79529E-06	5.87518E-06	5.6642E-06	9.14604E-06	5.63874E-06	-0.18
F13	1.5215E-05	1.45909E-05	1.31553E-05	1.17065E-05	1.99905E-05	1.06436E-05	-0.3
F14	8.41355E-07	8.40358E-07	8.38617E-07	7.87204E-07	1.0677E-06	7.83375E-07	-0.06

注：序号F1~F14指代服务行业，详见第21页注释。

由表2-2，以及图2-5所知，全国14类服务业2005—2011年赫芬达尔系数均小于0.01，说明全国服务业均处于极度分散完全竞争状态。与其他行业相比，金融业，水利、环境和公共设施业两类服务业有相对较高的HI系数，特别是金融业有服务行业最大的HI指数值。金融业受本行业特点约束，在早期易形成相对较高的垄断力量，随着对外开放以及计划经济向市场经济转变的加快，政府逐渐扶持非国有金融企业进入，降低金融业的垄断力量，金融业由垄断程度相对较高向分散性转变。对于批发和零售业由于日常生活用品等消费品的强地域性，导致批发和零售业企业在空间上分布较为均匀，很难形成垄断势力。

公共管理与社会组织，以及科学研究、技术服务与地质勘探业有着服务行业最低的HI系数值。公共管理与社会组织最低的HI系数值是由于各地区均需设置类似的政府行政机构、管理部门以及监督部门等原因造成的。公共服务其行业的公共性质亦可导致其具有较低的HI系数。

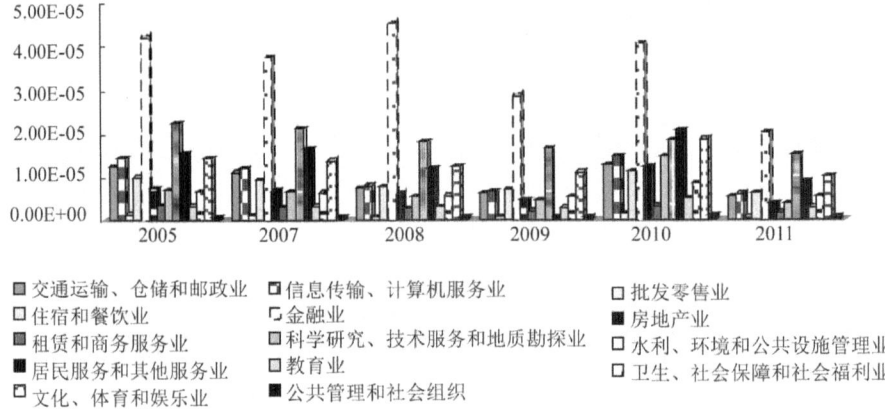

图 2-5 2005—2011 年全国服务业 HI 系数

从增速来看，除了居民服务和其他服务业 HI 指数上升以外，全国 14 大服务产业 HI 指数均有不同程度的降低，下降幅度前四位行业分别为：水利、环境与公共设施管理业（93%）、批发零售业（62%）、交通运输、仓储与邮政业（58%）。这些研究结论与任英华（2011）对中国服务业 HI 测度结论殊路同归，服务业正在向更加完善的竞争市场。从图 2-5 上还明显发现，与 2005 年相比，2011 年 14 类服务行业 HI 系数趋于收敛。

HI 测算表明，与制造业相比，服务企业有较低的垄断程度（详见罗勇对制造业 HI 的测算）。服务业为劳动密集型产业，进入成本低，因此单个企业很难形成垄断势力。EG 指数为克服 G 系数因各行业企业垄断现象导致测度集聚出现误差而设计的，本章 HI 计算表明全国各服务行业未明显形成垄断势力，γ 与 G 在测度全国服务业集聚程度时理应基本一致。计算 G 系数以及 EG 指数如表 2-3、表 2-4。从表上可以看出结论与假设相符：全国服务业 G 系数与 EG 指数测得结果一致。

表 2-3　2005—2011 年全国服务业 G 系数及判断

序号	2005 年	2007 年	2008 年	2009 年	2010 年	2011 年	产业分布
F1	0.030264592	0.030927416	0.030902159	0.031385379	0.034896777	0.031563578	
F2	0.044903522	0.057112201	0.06210727	0.067673056	0.073160146	0.06788923	
F3	0.034966626	0.034146511	0.034695043	0.035817772	0.039620213	0.03600744	
F4	0.046967116	0.047101126	0.047554006	0.042587933	0.051964016	0.042697642	
F5	0.032132317	0.032027266	0.032276565	0.031090207	0.035171406	0.031271444	
F6	0.056347852	0.05543219	0.057371029	0.048069354	0.058508652	0.048284736	
F7	0.069042289	0.072274802	0.073052743	0.065271826	0.08933464	0.065476425	0<G<1
F8	0.0393477	0.040792598	0.043566151	0.044538846	0.048402204	0.044720429	
F9	0.029390593	0.028758327	0.028437917	0.027076329	0.03079472	0.027228439	
F10	0.065161207	0.059751739	0.053974891	0.051496131	0.062856832	0.051669397	
F11	0.03085547	0.030388685	0.030030484	0.028598585	0.032099209	0.028770748	
F12	0.031004588	0.030486088	0.030423967	0.028971339	0.032768436	0.029153767	
F13	0.033635467	0.033597453	0.034029189	0.033138555	0.036773689	0.033318776	
F14	0.031448082	0.0305512	0.030383021	0.028628313	0.03214101	0.0287955	

注：序号 F1~F14 指代服务行业，详见第 21 页注释。

表 2-4　2005—2011 年全国服务业 γ 值（EG 指数）及判断

序号	2005 年	2007 年	2008 年	2009 年	2010 年	2011 年	集聚水平
F1	0.03219591	0.03094969	0.0311267	0.03142773	0.0349272	0.03160588	$0.02 \leq \gamma \leq 0.05$ 中度
F2	0.04777361	0.05716238	0.0622429	0.06777170	0.0732369	0.06798592	$0.05 \leq \gamma$ 高度
F3	0.03721159	0.03418255	0.0348248	0.03587279	0.0396682	0.03606139	$0.02 \leq \gamma \leq 0.05$ 中度

续表

序号	2005年	2007年	2008年	2009年	2010年	2011年	集聚水平
F4	0.04997432	0.04714302	0.0477255	0.04264704	0.0520174	0.04282564	$0.02 \leq \gamma \leq 0.05$ 中度
F5	0.03415282	0.03202289	0.0324134	0.03110870	0.0351729	0.03129754	$0.02 \leq \gamma \leq 0.05$ 中度
F6	0.05996024	0.05548574	0.0575034	0.04813938	0.0585691	0.04835391	$0.05 \leq \gamma$ 高度
F7	0.07347413	0.07235040	0.0733822	0.06537121	0.0894428	0.06557379	$0.05 \leq \gamma$ 高度
F8	0.04186826	0.04083036	0.0438227	0.04460343	0.0484476	0.04478409	$0.02 \leq \gamma \leq 0.05$ 中度
F9	0.03125552	0.02876766	0.0288482	0.02710114	0.0308138	0.02725392	$0.02 \leq \gamma \leq 0.05$ 中度
F10	0.06933195	0.05980001	0.0540365	0.05157548	0.0629143	0.05173879	$0.05 \leq \gamma$ 高度
F11	0.03283430	0.03041843	0.0304017	0.02864010	0.0321342	0.02881136	$0.02 \leq \gamma \leq 0.05$ 中度
F12	0.03298967	0.03051266	0.0307923	0.02901087	0.0328004	0.02919238	$0.02 \leq \gamma \leq 0.05$ 中度
F13	0.03578156	0.03361990	0.0343100	0.03317874	0.0368003	0.03335887	$0.02 \leq \gamma \leq 0.05$ 中度
F14	0.03346751	0.03058362	0.0308587	0.02867204	0.0321800	0.02883829	$0.02 \leq \gamma \leq 0.05$ 中度

注：序号 F1~F14 指代服务行业，详见第 21 页注释。

从表 2-3 来看，0<G<1，说明全国服务行业在地理位置上分布并不完全均匀，但亦无出现某个行业只现身于某个省份的现象。从行业来看，空间分布最不均衡的服务行业包括住宿与餐饮业，居民服务与其他服务业，房地产业，租赁与商品服务业，信息传输、计算机服务与软件业五大行业。分布相对均衡的行业为教育，交通运输、仓储与邮政业。从长期趋势来看，2005—2010 年 14 类服务业 G 指数均有不同程度的增幅，然而从 2011 年服务业 14 大产业 G 指数均有不同程度的下滑。由于 EG 指数与 G 系数测算结果几乎一致，而 EG 指数对集中度有更精确的结论，所以本章主要以 EG 指数对全国服务业集聚进行分析。从表 2-4 得出以下分析结论：

第一，依据 EG 判断标准，2005—2011 年全国 14 类服务行业集聚程度变动趋势不大，各服务业集聚等级未发生显著变化。其中，居民服务与其他服务业，租赁与商品服务业，房地产业，信息传输、计算机服务业与软件业四大产业均为高集聚度产业；而其他十大产业为中集聚度。从纵向来看，几乎所有的服务业 EG 指数在 2007 年、2008 年、2009 年有轻微下降。在 2010 年急剧增长后 2011 年回落，总体趋势为集聚度下降。例外的是科学研究、技术服务业与地质勘探业，信息传输、计算机服务业与软件业两大服务行业，集聚度分别由 2010 年 0.047773609 提升至 2011 年 0.06798592、由 2010 年的 0.041868264 提升至 2011 年的 0.044784094。14 个服务行业 $EG_{总}$[①]在测度初及末分别为 0.04373367 以及 0.040548697（见表 2-5）。

从行业来看集聚程度最高的行业是租赁与商品服务业，2011 年 EG 指数 0.0655573786；集聚程度最低的是水利、环境与公共设施管理服务业，2011 年 EG 指数只有 0.027253918。

[①] 文中的 $EG_{总}$、$EG_{消费}$、$EG_{生产}$、$EG_{公共}$ 分别指总服务业、消费服务业、生产服务业、公共服务业 EG 指数测度结果的简单加权平均数。

表 2-5 全国服务业各分类 EG 指数表

分类	2005 年	2007 年	2008 年	2009 年	2010 年	2011 年
$EG_{总}$	0.04373367	0.04170209	0.04230636	0.04036574	0.04708036	0.04054870
$EG_{消费}$	0.05217262	0.04704186	0.04552896	0.04336510	0.05153327	0.04354194
$EG_{公共}$	0.03263675	0.03007059	0.03022522	0.02835604	0.03198211	0.02852399
$EG_{生产}$	0.04645808	0.04606019	0.04782876	0.04594298	0.05379954	0.0461371

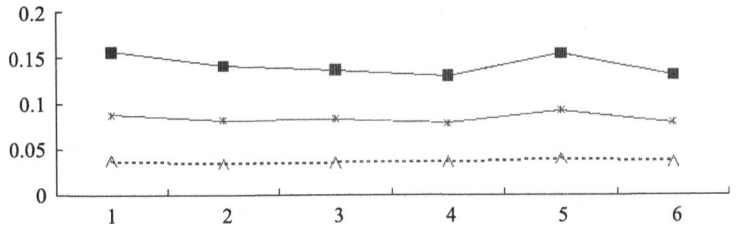

图 2-6 2005—2011 年全国消费性服务业 EG 指数

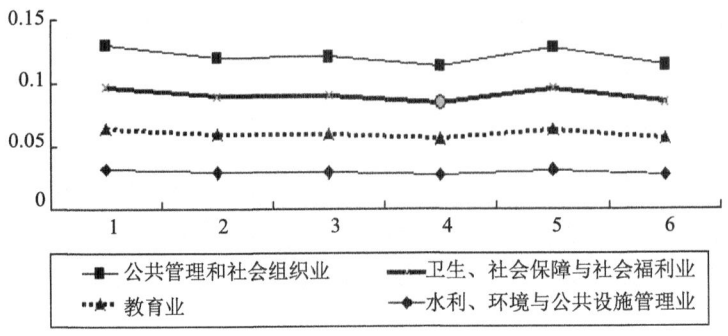

图 2-7 2005—2011 年全国公共性服务业 EG 指数

第二，从服务业三大分类来看，消费服务业集聚程度最高，达到中高集聚水平，且发展平稳波动较小，生产服务业集聚程度较高，甚至某些行业集聚程度超过消费服务行业，如信息传输、计算机服务与软件业，租赁与商品服务业达到高度集聚程度，其他生产服务业集聚水平达到中等集聚度。与其他两类服务业相比，生产服务业集聚程度波动较大；公共服务业集聚程度普遍为低集聚水平，且波动较小（如图 2-6、图 2-7、图 2-8 所示）。

消费服务业中，批发零售业、住宿与餐饮业在2005—2011年其集聚程度一直处于中度集聚（$0.02 \leq \gamma \leq 0.05$）态势，这与任英华（2011）对全国消费服务业分布集聚最低的结论有差异。实际上，饮食一条街、CBD① 等的存在，证明消费服务业是可以集中于某个区域的，并可能出现高密度现象。居民服务和其他服务业产值比重较低（4%），但集聚程度程度最高。一方面说明由于行业的特殊性，如保姆、厨师、司机、家庭护理、洗衣工、园丁等服务因为过去有家人承担而未计入产值，导致行业被低估，另一方面说明，随着收入水平的提高，个人护理、保健等服务消费水平增加，居民服务和其他服务业集聚程度升高，该结论并不与HI系数对其研究相冲突，恰恰证明在集聚过程中有较大公司主导该行业的发展。从地域来看，90%的居民服务和其他服务企业踞于北京、上海两地。

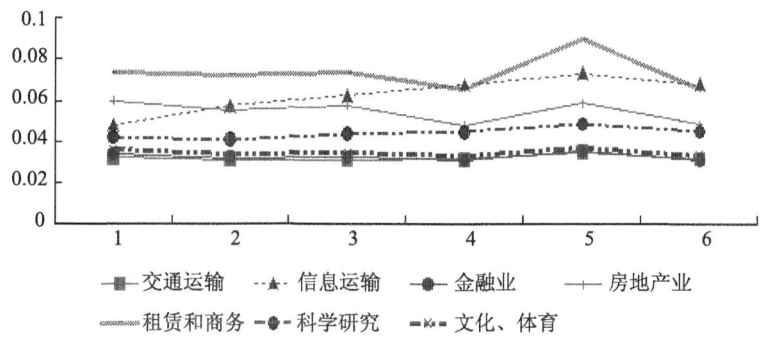

图2-8　2005—2011年全国生产性服务业EG指数

生产服务业主要为制造业提供服务，2005—2011年全国生产性服务业其集聚程度总体上成下降态势，但科学研究、技术服务和地质勘探业，信息传输、计算机服务与软件业集聚程度显著上升，说明中国信息化水平、以及科研创新等正迅猛发展。在生产服务业内集聚程度最低的是金融业，但并不因此就说明中国金融业极端不发达，实际上图2-5已显示2011年金融业产值仅次于批发零售业和房地产业，位居第三，其集聚程度较低再次验证该行业

---

① CBD指中央商务中心区，一般以CBD为中心，有高密度服务业集群的存在，如广州天河区就属于CBD。

HI系数研究结论的合理性。图2-8同时说明，各生产服务行业，集聚度非常接近。

全国范围内公共服务业集聚程度在三类服务业中最低，这和公共服务业需要、行业特色有关，不同的地域都需要设置同等功能的公共服务部门来满足当地民众需求，导致公共服务业部门集聚程度低，垄断小，利益驱动少，这与前述赫芬达尔系数研究结论一致。该结论与杨勇（2008）通过基尼系数研究结论殊路同归。在美国、英国也同样被各专家证实。从图2-8来看，公共服务业内集聚度最高的一直是教育业，与其他行业相比，它在2005—2011年变动幅度也是最大的。

第三，表2-5列示了2005—2011年各平均EG指数。14类服务行业2007年、2009年、2010年$EG_{总}$有小幅回落。从2005年平均集聚度为0.04373367，下降为2007年的0.041702093，2008年有轻微涨幅，平均集聚度为0.042306362，2009年平均集聚度下降为0.040365738，2010年平均集聚度上升为0.04708036，2011年平均集聚度下降为0.040548697，公共类服务业$EG_{公共}$以及生产类服务业$EG_{生产}$在这三年期间，其分类EG指数也有不同程度的下滑。其中集聚程度下滑最严重的是公共服务行业。消费服务行业弹性较小，在这三年集聚程度变动较小。

2.3.2 对广东省小地理范围服务业集聚的测度

由于2004年、2005年广东统计年鉴未列示服务业各企业数量数据，2006年《广东统计年鉴》企业数量缺失，因此，选取2005年、2007年、2008年、2009年、2010年、2011年、进行研究，相关数据摘录于《广东统计年鉴》。2010年顺德成为独立区域，因此2010—2011年广东分为m=22个区域，其他年份m为21。2005—2011年广东服务业HI系数测度结果见表2-6，G系数、EG指数测度结果见表2-7、表2-8。

由表2-6、图2-9所知，广东14类服务行业赫芬达尔系数均小于0.01，说明广东服务行业均处于极度分散完全竞争状态。在水利、环境和公共设施方面，投资更多集中于广州、珠海、惠州以及佛山，导致该行业HI系数较高。与全国金融业 HI 测度一致,广东金融业的 HI 指数是最高的。而批发零售业,有着服务行业最低的 HI 指数值。

与全国公共服务业类似,广东公共服务业,水利、环境与公共设施管理业,教育业,卫生、社会保障与社会福利业,公共管理与社会组织业有较低的行业垄断度。

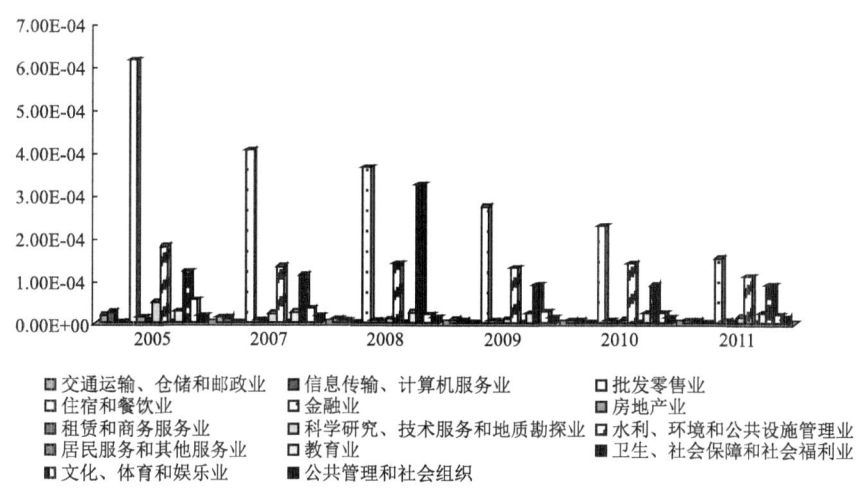

图 2-9　2005—2011 年广东省服务业 HI 系数

从图 2-9 看发展趋势,除居民服务及其他服务业外,7 年间广东各服务业 HI 指数急剧降低。下降幅度前二位分别为:信息传输、计算机服务和软件业 HI 指数下降 76.22%,金融业 HI 指数下降 75.15%,科学研究、技术服务和地质勘探业 HI 指数下降 67.55%。其他生产服务业、消费服务业 HI 指数亦有较大幅度的下降,说明广东各服务业进入高度竞争状况。从图 2-9 明显发现与 2005 年相比,2011 年各服务业 HI 系数趋于收敛,与全国趋势相同。

从图 2-9、表 2-6 来看,居民和其他服务业有着倒数第二的 HI 指数值,与其他行业在七年间 HI 指数值大幅下降不同,居民服务业与其他服务业 HI 值出现微幅(14.2%)增长。居民服务消费的地域性,导致居民服务企业极为分散,但与批发零售业在发展中形成更多星罗棋布的企业不同,居民和其他服务业在发展过程中逐渐形成大规模企业集团，最终 HI 指数上升。

表 2-6　2005—2011 年广东省服务业 HI 系数

序号	2005 年	2007 年	2008 年	2009 年	2010 年	2011 年	增长(%)
F1	1.97763E-05	1.44906E-05	1.15898E-05	9.271E-06	7.84031E-06	7.37215E-06	-0.63
F2	2.63633E-05	1.2032E-05	8.58331E-06	6.56055E-06	5.69925E-06	6.26833E-06	-0.76
F3	5.83779E-08	3.5678E-08	3.06614E-08	2.27458E-08	1.93837E-08	2.5781E-08	-0.56
F4	2.21927E-06	1.67992E-06	1.38296E-06	1.09886E-06	1.01254E-06	1.47198E-06	-0.34
F5	0.000615966	0.000405471	0.000364121	0.000273465	0.00022876	0.000153062	-0.75
F6	1.42092E-05	6.67948E-06	8.09124E-06	8.01731E-06	8.25742E-06	7.28274E-06	-0.49
F7	5.79944E-06	3.39536E-06	2.67132E-06	2.08787E-06	1.38768E-06	1.93621E-06	-0.67
F8	4.97567E-05	2.26898E-05	1.15966E-05	1.05662E-05	9.19702E-06	1.61453E-05	-0.68
F9	0.000179706	0.000132231	0.000140742	0.000130699	0.000141259	0.000111357	-0.38
F10	1.26367E-07	7.88723E-08	9.07219E-08	8.86976E-08	8.47294E-08	1.44314E-07	0.14
F11	2.68058E-05	2.63369E-05	2.53451E-05	2.42009E-05	2.4817E-05	2.45361E-05	-0.08
F12	0.000122096	0.000112397	0.000325059	9.12328E-05	8.94562E-05	9.01558E-05	-0.26
F13	5.37975E-05	3.35145E-05	2.06091E-05	2.67718E-05	2.50143E-05	2.01674E-05	-0.63
F14	1.75631E-05	1.72013E-05	1.45454E-05	1.4065E-05	1.44732E-05	1.21951E-05	-0.31

注：序号 F1~F14 指代服务行业，详见第 21 页注释。

HI 测算表明，广州服务企业有较低的垄断程度，则 γ 与 G 在测度广东服务业集聚程度时理应基本一致。计算 G 系数以及 EG 指数如下表 2-7、表 2-8 所示。从表上可以看出结论与假设相符，广东服务业 G 系数与 EG 指数计算结果一致，且与全国服务业集聚度有相同的趋势。

表 2-7　2005—2011 年广东省服务业 G 系数及判断

序号	2005 年	2007 年	2008 年	2009 年	2010 年	2011 年	产业分布
F1	0.02728467	0.02589937	0.02610365	0.02582085	0.03069418	0.02957827	
F2	0.02390689	0.02629481	0.02734600	0.02827323	0.03192305	0.03005476	
F3	0.05174417	0.05452135	0.05578324	0.05638199	0.06022389	0.05782145	
F4	0.04349170	0.04522572	0.04564103	0.04702700	0.05087928	0.04808608	
F5	0.01305575	0.01331808	0.01488046	0.01541269	0.02217195	0.01990185	
F6	0.03709287	0.03204468	0.03122213	0.03227957	0.03649040	0.03673505	
F7	0.02685789	0.02790722	0.02875756	0.02877577	0.03488406	0.03191517	0<G<1
F8	0.05586977	0.03228831	0.02620383	0.02627430	0.03272129	0.04187093	
F9	0.01367831	0.01333325	0.01211867	0.01207102	0.02075466	0.01863070	
F10	0.05839085	0.06006766	0.0598151	0.06013877	0.06394001	0.06212822	
F11	0.00962403	0.01002287	0.00937598	0.00900431	0.01462428	0.01320579	
F12	0.01031072	0.00870448	0.00776285	0.00780294	0.01120442	0.00994249	
F13	0.02632917	0.02560907	0.02799853	0.0251545	0.03041099	0.03032038	
F14	0.00531243	0.00476422	0.00464539	0.00448248	0.00821909	0.00915041	

注：序号 F1~F14 指代服务行业，详见第 21 页注释。

表 2-8　2005—2011 年广东省服务业 γ 值（EG 指数）及判断

序号	2005 年	2007 年	2008 年	2009 年	2010 年	2011 年	集聚水平
F1	0.0290815	0.0276812	0.0279269	0.0276459	0.0330016	0.0318098	$0.02 \leq \gamma \leq 0.05$ 中度
F2	0.0254725	0.0281065	0.0292595	0.0302751	0.0343252	0.0323235	$0.02 \leq \gamma \leq 0.05$ 中度
F3	0.0551882	0.0583020	0.0597035	0.0603867	0.0647660	0.0621978	$0.05 \leq \gamma$ 高度
F4	0.0463844	0.0483602	0.0488472	0.0503663	0.0547157	0.0517243	$0.05 \leq \gamma$ 高度

续 表

序号	2005年	2007年	2008年	2009年	2010年	2011年	集聚水平
F5	0.013317	0.0138417	0.0155678	0.0162384	0.0236208	0.0212584	$\gamma \leq 0.02$ 低度
F6	0.0395481	0.0342603	0.0334085	0.0345646	0.0392346	0.0395085	$0.02 \leq \gamma \leq 0.05$ 中度
F7	0.0286399	0.0298391	0.030776	0.0308177	0.0375137	0.0343289	$0.02 \leq \gamma \leq 0.05$ 中度
F8	0.0595417	0.0345054	0.0280341	0.0281303	0.0351803	0.0450247	$0.02 \leq \gamma \leq 0.06$，先高再中度
F9	0.0144116	0.0141274	0.0128314	0.0127994	0.0221819	0.0199317	$\gamma \leq 0.02$ 低度
F10	0.0622772	0.0642329	0.0640187	0.0644103	0.0687624	0.0668309	$0.05 \leq \gamma$ 高度
F11	0.0102381	0.01069183	0.0100098	0.0096199	0.0157028	0.0141811	$\gamma \leq 0.02$ 低度
F12	0.0108762	0.0091967	0.0079859	0.0082667	0.0119611	0.0106058	$\gamma \leq 0.02$ 低度
F13	0.0280294	0.0273523	0.0299462	0.0269152	0.0326804	0.0325958	$0.02 \leq \gamma \leq 0.05$ 中度
F14	0.0056486	0.0050775	0.0049574	0.0047869	0.0088246	0.0098309	$\gamma \leq 0.02$ 低度

注：序号F1~F14指代服务行业，详见第21页注释。

从表2-7来看，0<G<1，说明广东服务行业在地理位置上分布并不完全均匀，但亦无出现某个行业只现身于某个区域的现象。同理，本章主要以EG指数对广东小地理范围内服务业集聚进行分析。从表2-8上可以得出以下分析结论：

第一，依据EG判断标准，除科学研究、技术服务和地质勘查业服务业外，2005—2011年广东其他13个服务业集聚程度7年间等级未发生显著变化，且绝大部分服务行业集聚程度在总量上都有缓慢增长。$EG_{总}$[①]在测度初2005年及测度末2011年分别为0.03061815以及0.033745744（见表2-9），

---

① 文中的$EG_{总}$、$EG_{消费}$、$EG_{生产}$、$EG_{公共}$分别指总服务业、消费服务业、生产服务业、公共服务业EG的简单加权平均数。

这说明广东服务业已达到中等集聚水平。但2007年、2008年、2009年服务业整体在集聚程度上有小幅回落，如表2-9 $EG_{总}$所示。在这三年中集聚程度有回落的服务行业绝大部分是生产服务业。尤其是科学研究、技术服务和地质勘探业，从2005年高集聚度（0.059541682）跌入2008年中等集聚度（0.028034103）。2008年金融危机爆发，广东制造业重创累及生产服务业发展，在2008年广东服务业集聚程度徘徊甚至倒退，EG指数普遍回落。但金融行业在这次危机中影响不大，依然保持集聚度逐年增长势头。

总体来说，广东服务业集聚程度较高，居民服务和其他服务业、住宿和餐饮业、批发零售业三类服务业进入高度集聚状态（0.05≤γ）。这三类服务业均属于消费类服务业，均为技术含量较低、劳动密集型的传统消费服务业，表明广东集聚程度较高，但技术含量亟待提高。

从行业来看集聚程度最高的行业是居民服务和其他服务业，2011年EG指数达到0.66830488；集聚程度最低的是公共管理和社会组织，2011年EG指数只有0.009830917。

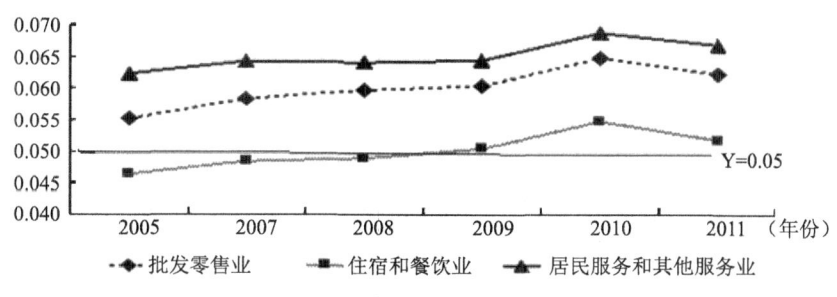

图2-10　2005—2011年广东省消费性服务业EG指数

第二，从服务业分类来看，消费服务业集聚程度普遍较高，基本为高度集聚状态，生产服务业次之，为中等集聚度；公共服务业集聚程度最低，为低等集聚度。如图2-10、图2-11、图2-12所示。

消费服务业中，2005—2011年其集聚程度一直处于高集聚（γ≥0.05）态势，居民服务和其他服务业产值比重较低（4%），但集聚程度最高。分析结论与全国一致。从地域来看，90%的居民服务和其他服务企业居于广州、深圳两地。

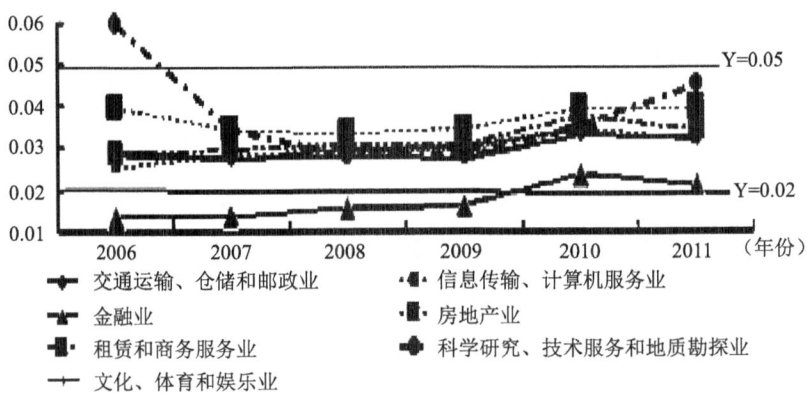

图 2-11 2005—2011 年广东省生产性服务业 EG 指数

2005—2011 年，广东生产服务业其集聚程度总体上成增长态势，但科学研究、技术服务和地质勘探业集聚程度显著降低，部分原因是广东企业不重视技术创新，随着金融危机外企撤资同时带走大批技术，导致广东科学研究、技术服务严重供给不足而出现集聚降低局面。在生产服务业内集聚程度最低的是金融，但并不因此就说明广东金融业极端不发达，实际上图 2-5 已显示金融业产值仅次于批发零售业、房地产业而位居第三，其集聚程度较低再次验证该行业 HI 系数研究结论的合理性。与其他行业相比，金融企业分布相对均衡，广州、深圳、佛山、惠州以及东莞几乎平分秋色，但垄断降低了金融业的集聚水平，导致金融业 HI 系数高，EG 指数低。图 2-11 同时说明，房地产有较高的集聚度，而其他生产性服务行业，集聚度非常接近。

图 2-12 说明，在广东小地理范围内，公共性服务业集聚程度最低，为低度集聚水平。其中在公共性服务业中集聚水平最低的行业是公共管理和社会组织业，最高的是水利、环境与公共设施管理服务业。

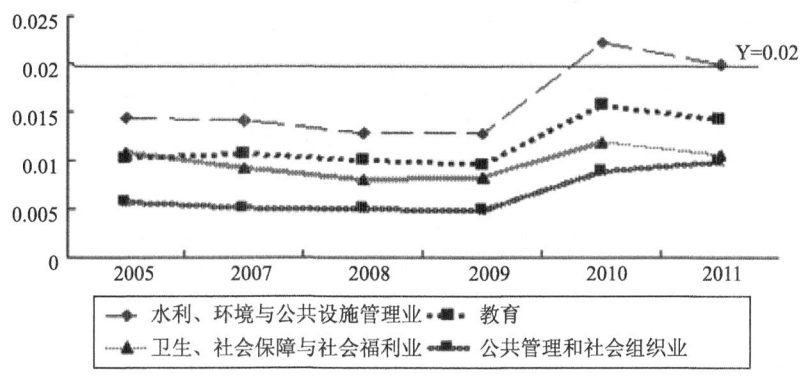

图 2-12 2005—2011 年广东省公共性服务业 EG 指数

第三，表 2-9 列示了 2005—2011 年广东各综合 EG 指数。2007 年、2008 年、2009 年 $EG_{总}$ 有小幅回落。从 2006 年的 0.0306187，下降为 2007 年的 0.028969651、2008 年的 0.028805221 和 2009 年的 0.028944539，直到 2010 年才上升到 0.032212191。公共类服务业 $EG_{公共}$、生产类服务业 $EG_{生产}$ 在这三年期间，其分类 EG 指数也有不同程度的下滑。其中集聚程度下滑最严重的是生产性服务行业。消费性服务行业弹性较小，是大众所必须的，所以在这三年集聚程度稳步增长，由 2006 年的 0.054616626 上升到 2011 年的 0.060250869（如表 2-9 所示）。

表 2-9　广东省各分类 EG 指数表

分类	2005 年	2007 年	2008 年	2009 年	2010 年	2011 年
$EG_{总}$	0.030618175	0.028969651	0.028805211	0.028944539	0.032212191	0.033745744
$EG_{消费}$	0.054616626	0.056965036	0.057523152	0.058387804	0.062748055	0.060250869
$EG_{生产}$	0.031947154	0.027940935	0.027845565	0.027798178	0.029150865	0.03387689
$EG_{公共}$	0.010293623	0.009773368	0.008946134	0.008868222	0.014667614	0.013637393

2.3.3　集聚测度分析

上述分析表明，14 类服务行业无论在全国范围内还是在代表性省份广东，赫芬达尔系数均较小，这表明任何服务行业均不存在企业高度寡占性现象，因此无论在全国范围内还是在代表性省份广东，空间基尼系数与 EG 指数测度均可以得到高度一致的集聚结论。总结结论如下：

第一，中国以及广东14类服务行业的地理集中度指数都大于0，说明全国服务业与广东服务业均有集聚现象，存在省份间服务业发展不均衡以及省内各城市间发展不均衡现象。然而，大地理范围全国服务业集聚程度呈下降趋势，这个说明，中国省份间各行业地理分布与综合服务业在全国平均地理分布之间的差异程度明显缩小，省份间的行业差异缩小，但中国省份间各行业地理分布与第三产业的平均地理分布之间依旧存在较大的不一致性。从代表性省份广东省来看，2005—2011年省内服务业集聚程度明显增强，说明在中国小地理范围内确实存在服务产业集聚现象，且集聚程度有上升趋势。鉴于小地理范围研究结论更有意义，因此本书后面章节会以小地理范围内的区域，如城市、省内来研究集聚问题。

第二，无论从全国大地理范围内，还是从广东省小地理范围内研究服务业集聚，本章发现消费服务业集聚程度、生产服务业集聚程度在大小地理范围均普遍较高，而公共服务业集聚程度低处于低集聚水平，说明消费性服务业和生产服务业比公共服务业更容易形成集聚。

第三，从14类行业来看，无论在全国大地理范围内还是代表性省份广东省小地理范围，居民服务及其他服务集聚程度均位居榜首。当然，无论在全国地理范围还是代表性省份广东省小地理范围14类服务业集聚程度存在明显差异。从生产服务业来看，在全国大地理范围信息传输、计算机服务与软件业，租赁与商品服务业，以及房地产业均比广东省小地理范围内集聚更高，而在广东省小地理范围内，科学研究、技术服务业与地质勘探业比全国大地理范围内集聚度更高。从消费服务业来看，广东省小地理范围消费服务业比全国大地理范围消费服务业有更高的集聚度。从公共服务业来看，全国大地理范围公共服务业比广东省小地理范围服务业有更高的集聚度。

第四，从服务业三大分类来看，在全国大地理范围消费服务业集聚度、生产服务业集聚度以及公共服务业集聚度均为中度，而在广东省小地理范围广东省内，消费服务业集聚度为高集聚度，生产服务业为中等集聚度，而公共服务业为低集聚度。最终无论全国范围内还是代表性省份广东，EG简单平均数为中度。

由于测度范围不同，导致服务业集聚测度存在偏差，测度范围的选择会直接影响服务业集聚测度结果。但总体来讲，小范围测度结果更有现实意义。

由于公共性服务业的特点导致集聚程度较低，因此本文以下章节将以消费服务业以及生产服务业为研究对象进行相关研究。当然从消费服务业集聚度和生产服务业集聚度来看，大地理范围以及小地理范围显示这两类服务行业是有差异的，从全国来看，集聚程度较高的生产服务业，如信息传输、计算机服务和软件业，在广东的集聚程度偏低，而消费服务业在广东集聚度偏高，说明广东消费服务业地理分布更不平衡，生产服务业地理分布更趋平衡。而从全国来看，消费服务业在全国范围内分布更为平衡，而生产服务业在全国范围内分布更不平衡。

2.3.4 服务业集聚度与服务业产值增长、经济波动之间的实证分析

以上内容表明，服务业确实存在集聚现象，那么集聚是否可以促进经济增长呢？如果服务业集聚能够促进经济增长，则研究服务业集聚的重要促进因素及促进机制将具有重要意义。本小节研究服务业集聚度与经济增长之间的关系。

在全国范围内进行集聚测算意义不大，研究以区、省为范围的集聚测算较有意义，因此研究区、省内服务业集聚度与经济增长之间的实证关系更有价值。鉴于此，本章以小地理范围广东省服务业集聚数据实证研究广东省服务业增长与广东省服务业集聚之间的关系。

（1）服务业集聚度与服务业产值增长之间的关系。

从上述分析来看，2005—2012年广东省消费性服务业总体集聚程度上升，服务业产值也持续上升，因此可以推出以下结论：消费服务业集聚程度越高，则服务业越发达。为了证明命题是否真实，本章摘用《广东统计年鉴》相应年份的服务产值数据，分析消费性服务业集聚度与服务业产值之间的关系，检验命题的真伪。利用统计软件stata对2005—2012年消费

性服务业及相应年的服务业产值的多次拟合，得到较优化的方程：

$$\ln y = 5.0196 + 94.121 EG_{消费}$$

其中，y 指服务业产值，判定系数 $R^2 = 0.7739$，调整的判定系数 $\bar{R}^2 = 0.7174$，说明拟合效果较好。$F = 12.43$，$sig = 0.02$，说明回归方程比较显著；$t = 10.14$，$sig = 0.01$ 说明回归系数比较显著。做 spearman 检验，$r = 0.9429$，$sig = 0.0048$，上述回归表示，消费服务业的集聚程度与服务业总产值存在高度正相关。服务业集聚程度每一单位的提高将导致服务业产值平均预测值 94.121 亿元的上升。

从收集的数据来看，生产服务业集聚程度在 2005—2012 年有较大波动，以目前的数据经作者验证，$EG_{生产}$ 指数与服务业产值相关性较弱。作者亦检验 $EG_{总}$ 指数与服务业产值相关性，回归检验拒绝了该假设。总服务业集聚度、生产服务业集聚度与服务业产值是否相关，需要收集更多年的数据，以剔除干扰年份（2008 年）的影响，由于 2003 年服务业重新分类，收集数据年代有限，此问题还待进一步佐证。

（2）服务业集聚程度与经济波动之间实证分析。

从上述分析来看，2008 年金融危机，导致 2008 年、2009 年生产服务业集聚程度变动较大，而消费服务业、公共服务业集聚程度变动幅度较小，因此可以推出以下结论：与消费服务业、公共服务业相比，生产服务业更易受经济波动的影响。为了证明命题真实否，本章摘用《广东统计年鉴》相应年份的服务产值数据，分析生产服务业集聚度与经济波动之间的关系，来检验命题的真伪。2008 年经济波动以进出口波动为导火线导致整个经济的波动，因此本章以广东省进出口总额增长速度指标表示经济波动，数据来源于《广东统计公报（2012 年）》，利用 stata 对 2005—2011 年生产服务业及相应年份广东进出口总额增长速度的多次拟合，得到以下较优化的方程：

$$EG_{生产} = 0.02876 \times 1.2681^X$$

其中，X 指进出口总额增长速度，判定系数 $R^2 = 0.9948$，调整的判定

系数 $\bar{R}^2 = 0.9921$，说明拟合效果较好。t = 3.43，sig = 0.027 说明回归系数比较显著。做 pearson 检验，r = 0.6386，sig = 0.1723，说明生产服务业与进出口总额增长速度相关性较高。该方程表明，经济波动会显著影响生产服务业的集聚。

作者亦检验 $EG_{公共}$ 指数、$EG_{消费}$ 指数与经济波动的相关性，pearson 以及 spearman 检验均拒绝原假设。表明消费服务业、公共服务业与进出口总额增长速度相关性不大。

以上研究表明，服务业集聚会促进服务业增长，因此研究服务业集聚规律以及促进服务业集聚的相关因素，对促进服务业发展具有重要意义。同时上述研究亦表明生产服务业集聚程度会受经济波动的影响较大。

2.4 小结

本章利用 HI、G 以及 EG 指数，对全国 31 个省份、广东省 22 个区域的 14 类服务进行了测算与实证分析，得出以下结论：

第一，无论从小地理范围来看，还是从大地理范围来看，都存在服务业集聚态势。由于测度范围不同，导致服务业集聚测度结果存在偏差，测度范围的选择会直接影响服务业集聚测度结果。

从广东来看，消费服务业、生产服务业以及公共服务业分别有高、中、低的集聚度，说明省份内服务业空间布局不均衡。广东目前集聚程度较高，对广东服务业 GDP 贡献最大的行业为技术含量较低、劳动密集型的消费服务业，作为现代化服务业主体，且技术含量较高的生产服务业集聚趋势明显但波动幅度较大。从集聚的行业来看，居民服务及其他服务业位居榜首。集聚度最低行业是公共服务与社会组织。金融业比其他服务行业有更高垄断现象，因此有比其他生产性服务业更低的集聚水平。公共服务业因行业特色、非盈利决定其难以集聚、不适宜集聚，因此有相对较低的集聚水平。本书以下章节将以消费服务业和生产服务业为研究对象进行相关研究。

从全国范围来看，消费服务业、生产服务业以及公共服务业均有中等集聚度，说明省份间服务产业空间布局较不均衡。从14类服务产业来看，与其他服务产业相比，信息传输、计算机服务与软件业，租赁与商品服务业，以及房地产业均有较高的集聚度，说明生产服务业在全国范围内空间布局较不均衡。

第二，从产业集聚测度方法来看，本章采用了空间基尼系数、EG指数对全国大地理范围和广东省小地理范围进行了测度，由于服务业垄断程度不高，因此空间基尼系数、EG指数在测度集聚度时功能一致。

第三，服务业集聚，特别是消费服务业集聚会促进服务业增长，同时研究表明，生产服务业集聚程度更易受经济波动影响。

3 分工条件下社会资本对服务业集聚重要影响的分析

分工是经济增长的源泉,通过看不见的手协调市场的形成(杨小凯,2000),分工越发达,则市场化程度越高。许多经济学家认为社会资本是未发育完全的过时废物,它注定会被市场进步所抛弃,然而时至今日在高度发达的市场经济环境下,社会资本依旧是影响企业绩效的关键因素(LYLESELAL,2004;蒋春燕,2006)?为何社会资本这种非正式制度没有逐渐被价格等市场制度取代?

看不见的手假设完全契约和非递增收益,而这些假设都无法,哪怕近似地描述任何一种已知经济情况(Samuel Bowles,2006),由于现代经济活动日益复杂的分工和社会互动与以上假设渐行渐远,分工的巨大递增收益使独立的生产和市场竞争不仅效率低,而且难以为继,导致由法律关系和基本的经济自利偏好决定的关系将日趋紧张(Arrow,1972),因此市场会出现协调失灵等问题。社会资本非正式制度可以有效解决上述问题,两者互补可更好地推动分工,从而推动经济进步。

斯密指出"土地的地租不仅……,而且与其位置有关……,马歇尔认为,位置和其他要素一样具有价值,然而,在经济学的发展历程中空间问题逐渐被主流经济学所舍弃,一般经济学家将自己局限于一个没有维度的仙境之中(郝寿义,2007)。杨小凯等新兴古典经济学家不仅将遗弃的分工纳入主流研究,而且其分工及其拓扑性质研究暗含了主流已丢弃的空间影像,这样被挤出主流学者视角的空间选择和分工在新兴古典经济学里实现了完美的邂逅。新兴古典经济学下的区位选择假设为我们展示了分工对集聚实现的内在机制,通过引入分工与集聚空间累计因果循环效应巧妙地解释了两者的互动关系，但是新兴古典经济学却忽略了分工条件下区域内企业间如何互动的这个关键环节，因此本书引入社会资本，突出研究分工条件下社会资本对服务业集聚影响的内在机制。

当然目前有较多直接研究社会资本对服务业集聚影响的相关文献（Putnam，1995；Scott，1988；Saxenian；1985；何雄浪，2007；池仁勇，2005等），但从分工角度分析的文献鲜见，且这些研究我们看不到微观逻辑演绎。本章研究表明，分工在服务业集聚形成中扮演着决定性作用，以分工为核心分析社会资本与服务业集聚关系问题才能更好地解释两者之间的关系。

本章研究发现，分工天然会促进服务业集聚、提升社会资本。在分工体系里，自发产生的社会资本对服务业集聚、集聚区绩效以及创新和集聚区边界具有重要影响。

3.1 分工相关理论及服务业分工现状

3.1.1 交易费用

由于稀缺性的存在，人们会发生冲突，依存和秩序关系，交易是实现这些关系的最好手段（康芒斯，1997）。交易促进了经济的持续发展，但会产生交易费用（科斯，1937）。交易费用是市场协调分工的伴生物（辛向前，2003），科斯（1937）认为交易费用既是专业化分工的费用，也是市场制度运行的成本。据估计，现代市场经济中的交易费用已占净国民生产总产值的50%~60%（吴海民，2013）。

Williamson（1975）将交易费用分为交易前、交易中以及交易后交易费用。Hobbs（1997）将交易费用分为内生交易费用、外生交易费用。本书沿袭Hobbs（1997）的做法，将交易费用分为两类。其中，外生交易费并不是因利益冲突导致交易方机会行为而是交易过程自发形成的，具体包括运输成本、交易设施使用费、信息成本、监督成本和执行成本等。外生交易费用与交易数量正相关，可通过技术进步、效率改进等降低。如高速公路、航空技术的发展，大型购物中心的出现，提高了交易效率，降低了运输成本、交易设施使用费。

内生交易费用是指市场均衡同帕累托最优之间的差别（杨小凯，2000）。分工条件下进行交易以获取分工收益时，各方均期望获得更多收益，因而会产生各种机会主义行为（道德风险、逆向选择、欺诈以及不诚信）。内生交易费用是交易中除了生产成本外最重要的费用，因此降低内生交易费用比外生交易费用更有意义。杨小凯认为，贫富差异的主要根源是富国拥有有效降低内生交易费用的制度，其中包括市场制度，然而在经济转型期，由于市场制度的不完善，导致企业有时会求助于人际关系网络这种非正式制度。

一般来说，企业支付较多的外生交易费用（包括议定更完善合约、花时间谈判）来议定和执行合约，可降低事后机会行为产生的内生交易费用。反之亦反。因此现代企业往往会权衡内生和外生交易费用两难冲突并作出相应决策。实践上某些状况下议定完善合约几乎不可能，企业被迫选择较少外生交易费用的决策，如邮政业曾由精确计算邮件费用改为邮票的制度设计，导致外生交易费用的节约远大于内生交易费用的增加，导致了邮政业的迅猛发展。

3.1.2 分工理论与分工临界点

斯密（1776）认为，人与动物的一个明显差异是人存在分工。分工能提高生产效率（杨小凯，2000），让同等数量的劳动者完成的工作量大大增加，因此产生巨大的市场供给与递增收益（杨格，1928）。斯密将分工分为三种：一是企业内分工；二是企业间分工；三是产业分工。其中后两者实质是产业集聚形成的理论依据所在（陈柳钦，2006）。

分工在提高生产效率的同时，也面临一系列因素的制约：一是市场容量，如杨格（1928）认为分工程度与市场大小相互依赖，并存在动态均衡。斯密（1776）指出，分工受市场范围限制，市场越大则分工程度可能越高。从市场容量来看，市场容量由人口规模和有效购买力共同决定（杨格，1928），同时受运输效率的制约（斯密，1776），而这些都取决于分工后的交易费用。二是分工产生的成本，阿马萨·沃克（1874）在研究 19 世纪的学校、教堂及杂志的分工后指出，分工产生的协调费用是限制分工发展的关键因素，杨格（1928）指出分工会产生一些适应性成本，如学习新的交易方式和习惯，人口必须有一个新的地理分布，已有团体的分解及新团体的构建等。而这也取决于分工后的交易费用，因此均衡分工将必然不是连续的（杨格，1928）。分工临界点取决于生产效率提高与交易费用增加的大小对比，当前者大于后者时，均衡分工水平会提高，良性循环下分工会越快，经济会起飞。反之，当前者小于后者，分工演进的潜力因相关的制约因素（交易费用）耗尽时，分工速度会减缓甚至停止（斯密，1776），分工的边际收益等于边际交易费用时（杨小凯，2000），分工达到临界点。因此，交易费用成为影响分工程度的关键因素，对分工水平演进有着决定性影响（杨小凯，2000），交易费用越高，均衡分工水平越低。一般来说，通过市场"看不见的手"，分工会自发寻找最优市场网络使交易费用减少，分工收益增加。分工的发展首先受到外生交易费用的约束，外生交易费用很难通过具体交易的主观努力而降低（辛向前，2003）。

3.1.3 服务业分工现状

斯密、杨格以及杨小凯主要关注的是制造业分工，服务业也存在分工。很难设想自给自足能获得足够数量的所需服务。李江凡（1999）指出服务业有四种分工途径：从非实物生产独立、从实物生产独立、从社会生活独立、从服务业独立。分工提高专业化水平同时增加多样化服务。杨小凯以麦当劳连锁店为例，指出正是因为创业人采用特许连锁店的社会组织实验，提高了饮食业内分工水平。

目前服务业在国民经济中占重要地位，如果说 20 世纪服务业仅是工业的仆从，那么 21 世纪服务业将是工业的代言人，这意味着开拓市场、推动服务业分工将是现代经济发展的一项重要任务。本文以家乐福超市为代表展示了服务业分工现状。家乐福成立于1959年，现拥有11000多家营运零售点。每天家乐福多达2.5万个DKP（条形码）商品在销售，家乐福内部分工精细，如商品部分为杂货、生鲜、日用百货、纺织和家电五部门，部门下设课，以生鲜部门为例，分为熟食、鱼类、蔬果、面包、肉类和休闲6课。每年家乐福会和近万的潜在供应商谈判，确定供应商名单、商品陈列位置及具体促销等活动，正是家乐福高度发达的分工保证了家乐福高交易效率，让家乐福成为欧洲第一、世界第二的国际化零售连锁集团。除此以外，从家乐福商品供应到销售间还插入了很多专业化服务产业，如合资、联盟、科研机构、银行、物流、营销等，这些分工网络让商品的销售服务由许多劳动者共同完成，带动了家乐福的加快发展。

3.2 社会资本相关理论

3.2.1 社会资本的内涵

社会资本是通过社会关系获得的资本（林南，2005）。社会关系有两类：一是制度化关系，如校友、职业和行业关系；二是共享其他资源或经历形成的，如健身俱乐部、旅游团队或邻里关系。一般来说，社会资本节省的交易费用以及提高经济效率的好处，要远大于社会资本投资成本。

社会资本有如下功能：第一，促进信息的流动。信息不对称是分工产生的重要结果，会导致企业采取逆向选择和道德风险等产生市场失灵的机会行为，是产生内生交易费用的关键因素，而社会资本可以提供以市场方式不易获得的关于机会和选择的有用信息，降低信息不对称现象。我们将具有此功能的社会资本称为信息型社会资本。信息型资本有市场不可比拟的独特能力，可作为非正式制度取代市场制度的解决信息不对称问题，有效降低企业逆向选择以及道德风险等市场失灵行为，因此是减低内生交易费用和外生交易费用的有效工具。第二，信用证明（林南，2004）。达斯古普特（1985）指出，社会资本缺乏时，社会会缺乏信任、义务、合作、可靠性等，导致其他资源的无效率，杨格（1928）认为越是被信任的地区，分工和交易越发达，地区优势越能得到发挥。Arrow（1972）指出，基本上所有的商业信任都蕴含信任，对于长期交易更是如此。Kong（2011）研究表明，若信任度低则企业会收取更多的定金，这会显著增加交易费用，我们将具有此功能的社会资本称为信任型社会资本，然后信任型社会资本能提高交易方对企业的信任水平、依恋感和忠诚度，促使市场内的企业更愿意与人交易，合作更稳定（Nooteboom，2002），降低谈判成本以及有效避免机会主义行为，降低内生和外生交易费用。

3.2.2 社会资本在市场经济中重要吗

传统经济理论认为市场交易的目的是为了获得经济资源，实现利润最大化，但却无法回答一个基本问题：在价格相同的条件下，为什么甲企业在市场中选择乙企业交易，而不是丙呢？传统经济理论的解释是甲和乙企业交易只是偶然行为罢了。但社会资本理论认为，在价格和质量相同时，甲选择乙而不是丙企业，是因为甲和乙企业间的社会资本存量大于甲和丙企业间的社会资本存量，甲乙之间丰富的信息型社会资本存量可有效促进甲乙之间信息流动，提高交易效率，降低内外生交易费用，而信任型社会资本可有效促进甲乙之间信任的建立，降低机会主义行为，同样会降低企业内外生交易费用。

同样，传统经济理论认同交易理性，认为如果交易关系维持无法获得对应的经济收益时，企业应抛弃原有的交易对象而寻找可替代的新交易对象，但现实中，更多企业会选择与原来的交易对象继续交易，原因是多方面的，但社会资本理论认为社会资本是其中最重要的原因之一。Coleman（1990）提出了"关系理性"，认为交换的效用在于关系最优化，强调交易时双方互惠、相互节制和信任等利他主义行为（Nooteboom，2000）。这有利于降低市场失灵和避免机会主义行为，降低内生和外生交易费用。

行动中关系理性与交易理性一般目标一致，某关系既有利于实现经济利益又增加社会资本。但两者也会出现两难冲突，此时有两种决策：一是关系理性者选择交易理性者会蒙受经济损失而继续维持关系，进行信任型、信息型社会资本投资；二是交易理性者选择短期经济利益而牺牲关系。本书认为，一是企业不可能控制满足自己利益的所有资源，同时企业也控制着其他企业所需要的某些资源（Coleman，1990），市场经济条件下企业间互动频繁，因此企业在交易时应选择以互利互惠为基础的利他行为。二是交易是建立在社会性基础之上，因此传统经济理论将交易理性置于社会基础上的关系理性之上是不现实的（林南，2005）。证据显示关系在交换中不仅存在，而且在多样化的当代社会中很兴盛。三是中国、日本、意大利、美国、英国等国家中关系仍是经济交易中一个很重要的考虑因素。四是既使选择短期经济利益而牺牲关系，寻找新的替代交易对象、更新谈判等会增加交易费用，同时降低企业社会资本存量，因此本文认为分工条件下应以关系理性为基础进行决策，社会资本在市场经济中非常重要，是市场经济发展过程中企业不可缺少的一项重要资产。

3.3 案例的经验支持与共性启示

案例 1：2004 年、2008 年格力与国美之争，更多在于国美的自我利润最大化交易理性，由于上层渠道商对整个销售系统的运作效率有决定性影响（杨小凯，2000），因此占据优势的国美往往会采用以交易理性驱动的自利行为，"不接受、不相互作出牺牲、不彼此尽力维护牢固的、持久的纽带"（Durkheim，1964），国美为了短期经济利益采取了以诡计寻求自利的机会行为，这牺牲了格力和国美的长期经济利益和两个企业之间的关系质量，然而高度分工产生高依赖企业群，最终出现国美和格力双输局面。相反马云提出，要重视渠道商供应商关系的重要性，应该帮助经销商赚钱。因此淘宝渠道商纷纷采取了一系列利他行为，如降低扣点、采纳助销制度、物质奖励等互利互惠的做法，不仅改善了双方关系的质量，而且从中获取了长远经济收益。这说明，分工条件下应以关系理性为基础进行决策。

案例2：Kevin（1993）提出，有吸引力品牌对顾客忠诚有直接影响，实际上，高度发达的市场经济条件下，品牌已成为企业最重要的信任型社会资本，相对于非品牌公司来说，品牌公司意味着更大的谈判筹码，对顾客有更大的吸引力，更大的发展空间以及更持久的利润。棒·约翰——美国第三大比萨公司、顺风快递——中国第一大物流公司、淘宝网——全球第一网络销售公司，这些公司的发展奇迹，离不开顾客、供应商对其品牌的信任与忠诚，作为信任型社会资本的品牌，让公司获取了更多更长远的经济收益。

3.4 分工条件下社会资本对服务业集聚影响机理

3.4.1 分工天然能促进服务业集聚

为了提高劳动效率，让企业获取递增收益，分工会越来越深化，导致每个服务业企业提供的服务仅仅是整个服务体系的细小部分，因此必然会增加整个社会的服务交易频率，而在交易过程中企业会支付越来越多的交易费用。

为了降低交易费用，促进分工深化，从而提高企业效率，企业可采取两类方法降低交易费用。一是降低交易过程中自发形成的与交易次数有关的外生交易费用，为了降低这些外生交易费用，所有的交易者都会选择到中心地点集中交易，由于地理位置的临近从而运输费用、监督成本、交易设施使用费、信息成本以及执行成本等交易费用大大降低（杨小凯，2000），这进一步促进专业化分工，导致交易的种类和频率大大增加，吸引更多的企业进入中心地点交易，因此促成了服务业的集中。同时，集中导致分工进一步深化和细分，因此市场上会出现更多的服务品种和数量，更多的企业进入，而集群进一步扩张。总之为了节省分工产生的外生交易费用，服务企业会选择在中心地理分布，从而形成集聚。

二是可降低因利益冲突导致交易方各种各样的机会行为,减少内生交易费用。分工条件下企业可能存在道德风险、逆向选择、欺诈以及不诚信问题,为了降低这些事后机会主义产生的内生交易费用,企业可以选择支付较多外生交易费用,比如议定更完善的合约,花费更多的时间谈判,可是因为信息不对称以及市场制度的不完善等原因,导致通过增加外生交易费用来降低内生交易费用至"零"是不可能的,因此企业往往会权衡内生交易费用和外生交易费用,当内生交易费用的节省等于甚至小于外生交易费用的增加时,通过外生交易费用的增加来降低内生交易费就没有意义,企业必须寻找其他的方式来降低内生交易费用,以增加企业的边际收益和提高劳动生产率,此时通过服务业集聚可以解决这个问题。交易者在中心地点分布,更有利于企业行为相关信息、企业声誉相关信息以及企业道德相关信息等在集聚区的流动和扩散,企业在集聚区更易获得更丰富的信息型社会资本,同时为了让企业成为被信任的、可靠、能合作的企业,他们到了集聚区会自发降低逆向选择和道德风险、欺诈等机会行为,企业在集聚区拥有更多的信任型社会资本将导致内生交易费用降低均衡分工水平上升,同时更多集聚区外的企业会认为集聚区拥有更值得信任的经济环境,集聚区企业蕴含更高的信任水平、依赖度和忠诚度,因此吸引更多企业进入中心地点进行交易,集聚进一步扩张。总之为了节省分工产生的内生交易费用,服务企业会选择在中心地理分布,从而形成集聚。

3.4.2 分工条件下社会资本对服务业集聚的影响

上述分析表明,通过集聚企业可以显著降低内生交易费用和外生交易费用,但是如果没有社会资本,高分工条件下按照交易理性原则企业外生交易费用和内生交易费用都显著增加。第一,交易完全由价值决定,则拟定完善合约、理性经济计算每笔交易价格等行为会大大增加外生交易费用。第二,高分工代表高交易频率,通过一次性偶尔的瞬间市场和众多相关服务企业发生多次交易必然导致交易费用上升。第三,正如 Claessens 等(2003)所说,分工条件下集聚区交易协调失灵的高风险导致高昂的内生交易费用。第四，依据集体行动的逻辑，集团的成员数目越多，潜在合作者越易获得，集体单个企业在合作中背叛的概率就越高，因此集群内企业相互背叛的比例比非集群内要高很多。当企业交易费用的增加速度超过分工收益，均衡分工水平会降低从而阻碍市场进一步扩大，企业会向非中心市场扩散导致集聚度降低，但企业如果选择用关系理性原则来替代交易理性原则，则可以通过社会资本进一步降低外生交易费用以及内生交易费用，从而促进集聚度进一步提高。第一，在关系理性下企业天然会趋向于与关键客户和供应商建立持久关系而非一次性交易（Arndt, 1979），这样就形成了信任型和信息型社会资本投资。第二，企业在长期的市场交易活动中，与交易各方逐渐形成了各种秩序规范、行动守则、利益机制、非公开约定以及"潜规则"等特定市场关系，这样也形成了信任型和信息型社会资本投资。第三，企业还通过建立现代企业的 VIP 制度，专用型资产投资，构建有竞争力的品牌和声誉，形成信任型社会资本投资。信息型社会资本和信任型社会资本投资可促进信息的流动和变成有效的信用证明，从而能帮助服务业集聚增强信息流和信任，降低每笔交易价格、降低协调失灵的高风险以及降低背叛的概率，均衡分工水平会提高从而市场进一步扩大，企业会向中心市场进一步集聚。

总之与非服务集聚区相比，服务业集聚区信息流、地域邻近等优势，导致服务业集聚区企业更易获得更丰富的社会资本，通过共享行业关系、集聚区关系等制度化过程与经历，或者共享"邻里"关系等方式，可有效实现信任社会资本和信息社会资本投资，有效降低集聚区内高均衡分工水平带来的交易前、交易中、交易后费用。具体来讲，社会资本对服务业集聚有以下影响。

（1）社会资本是降低服务业集聚区内生交易费用的关键因素。

分工带来服务业集聚等分工收益外还会增加交易费用。一方面，集聚金融外部性的熟能生巧导致的生产率改善动态效果是有限的，因此节约的交易费用是有限的，同时信息畅通才能实现技术外部性的知识与技术的外溢，很显然，分工条件下信息天然不对称会导致企业自利行为而增加内生交易费用；另一方面随着集聚区企业数量的增加，企业间合作背叛的概率会增加，交易方在争夺分工好处同样更容易产生自利行为，因此虽然集群扩张增加交易数量、加快交易速度、产生金融外部性与技术外部性，导致外生交易费用节约但同时也增加了内生交易费用。杨小凯（2000）指出，节省交易费用并进一步促进分工的潜力比促进单纯生产中的潜力会大得多，遏制内生交易费用比集聚收益更快增长的势头成为服务业集聚的关键问题。在深化分工与服务业集聚实践中，企业可选择相机合约及事后监督等市场机制，但因相机合约很难实施①，导致外生交易费用太高，亦可选择公布法规和管制等政府制度，但在不完全契约下，越接近理想状态下的完全契约市场越容易破坏信任、互惠等价值规范，并最终导致更低的效率均衡，因此企业往往偏好求助于社会资本非正式制度来降低内生交易费用。

第一，集聚区丰富的信息型社会资本以及开放信息交流环境，减少了集群内企业间合作中的因信息不对称产生的协调与摩擦成本，降低交易前后的签约、监督和再谈判等道德风险、逆向选择等行为，提高效率并节约内部交易费用。第二，正如 Frederic Corolleur 和 Claude courlet（2003）指出，集群分工的增强要求企业间不能不信任和合作，信任型社会资本是一种社会可信度证明，有助于潜在交易对象在不完全信息时了解企业，增强对企业的信任，使非合作对策产生合作的结局。何雄浪（2006）指出，集聚内生的信任等社会资本在现代产业集聚中的发展越来越成为降低交易费用的重要因素。

（2）社会资本促进集聚区企业提高绩效。

第一，分工水平越高，则信息获取成本越高，但拥有信息型社会资本的企业不仅通过市场交易还可通过关系获取信息，因此有更强的信息获取能力以及更低的信息搜寻成本，并能更有效地避免交易方自利偏好行为，从而降低企业交易费用，提高企业财务绩效。第二，与供应商、

---

① 因为不可能观测并精确衡量对方的工作努力程度。参考文献：杨小凯《新兴古典经济学：超边际分析》。

客户及竞争者维持良好关系，为企业获得高质量的原材料、提高销售量以及形成良好竞争环境提供了保障，从而使企业获得更多收益。第三，拥有声誉、品牌等信任型社会资本的企业，能收取更高的服务费和销售扣点从而实现超额收益。第四，企业需要经常获取信用来进行资金运作。社会资本可以增加获取信用的途径，如建立品牌，提高声誉因此可以间接提高企业绩效。

与建立关系相比，品牌、声誉等信任型社会资本更适合市场经济发展趋势的要求，对企业产生机会行为的处罚更严厉（对于"关系户"的自利机会行为，惩罚是轻微的，交易方可能只能选择默默退出而不是复仇），"关系"易产生机会行为，因此信任型社会资本是一种更有效率的资本。正如Kreps和Wilson（1982）所说，拥有别人的信任是重复博弈中交易方实现长期利益最大化的最重要手段。

然而"天下没有免费的午餐"，社会资本非正式制度对企业绩效是一把"双刃剑"，一方面，当企业绩效提高越多，则企业在搜寻信息以及讨价还价活动上所花费的交易费用越多，社会资本节省交易费用的作用越明显；另一方面，社会资本投资需要花费时间和金钱，从而让企业绩效降低。因此基于企业交易领域是否容易产生机会行为以及社会资本投资的差异，企业可以在不同情况的交易中选择合适的社会资本投资，增进企业绩效。

（3）社会资本是服务业集聚创新的重要动力。

正如斯密所说，工人从事某项专门操作，会逐渐发现完成同一结果的更好的方法，所以分工导致发明，然而分工同样导致发明难以在同一或不同产业间被学习和扩散。服务业集聚区企业因为地域邻近而更有利于通过市场交易机制来学习知识并实现技术扩散，但没有社会资本是会增加难度的，特别是缄默性质的制度创新、服务创新以及管理创新更难扩散。具体来说，信息型社会资本降低了企业进行创新搜寻的时间和成本，加速发明知识在集聚内企业的快速扩散。同时，信任性社会资本降低了企业间的摩擦碰撞，让企业在彼此合作稳定性的基础上传递着有用的相关创新知识，加速知识在多个服务产业同时出现产生创新集群，并最终让服务产业结构有序发展并升级。除此以外，企业与区域内的大学、研究机构以及行会等之间的关系网络降低了研究开发不足的可能性。

（4）社会资本促进服务业集聚边界外推。

交易费用是集聚边界形成的一种原始动力（Williamson，1975），当集群扩张导致边际分工收益等于边际交易费用时，集聚扩张达到边际临界点。但社会资本降低了自利行为导致的企业冲突及其频率，不仅有利于集聚边界的维系，而且节省内生交易费用，改进交易效率，提高均衡分工水平，让更多的集聚区外企业进入服务业集聚区，提高均衡分工，服务业集聚出现边界外推现象。从分类来看，信任型社会资本对企业区位选择具有重要影响，为了避免高额交易费用并增加企业利润，企业不仅会努力提升企业形象还会落户于高声誉和品牌的服务业集聚区；同时分工越复杂则协调市场失灵的风险越高，信息型社会资本可有效降低交易风险，提高交易效率，这均会进一步促进分工发展，集聚区边界往外推移。

3.5 小结

本章从分工、社会资本角度，分析了服务业集聚的内在机理，为中国服务业集聚趋势研究提供了新的视野。主要研究结论如下：（1）分工天然能促进服务业集聚、提高社会资本；（2）市场经济高度发达条件下，交易理性必须以关系理性为基础，因此市场经济需要社会资本；（3）社会资本会降低内生交易费用，促进均衡分工水平和均衡集聚水平的动态向外扩张，并提高服务业集聚区企业绩效和创新能力。

上述结论表明要重视社会资本的培养。当然其培养是一项非朝夕间就能完成的长期工作。与培养关系相比，集聚区信任性社会资本的构建更重要，未来集聚区从重视关系向重视信任诚信迈进将更有现实意义。政策含义：第一，长期以来企业间关系被认为是寻租、产生腐败等导致经济非帕累托最优的最大祸首，然而，企业间追求短期经济利益而牺牲长期合作的双败之争，证明重视适宜的关系是合理的。第二，陈柳钦（2006）指出，集群是一种依靠关系、信任等协调竞争和合作的组织，因此集聚是天然与社会资本密不可分的。

小启示：分工发展以及服务业集聚规模扩大，会让企业提供的服务数量几何级上升，因此，需要增加居民收入，提高有效购买力以达到市场均衡。

4 社会资本与服务业集聚：理论模型与数据模拟

上一章节理论分析表明，分工条件下社会资本对服务业集聚具有不可替代的重要作用，为了进一步探析社会资本与服务产业集聚之间的关系，本章以 Forslid 和 Ottaviano 的 FE 模型为研究基础，以企业家代替工人作为差异化的固定投入，并且假设企业家可以自由流动。与 Martin 和 Roger (1995) 提出的 FC 自由资本模型相比较，后者是以资本作为可以自由移动的固定投入的，由于服务业主要运用知识等为客户的生产过程提供中介服务或者给商业企业提供支撑性服务或者直接服务，因此物质资本在服务业投入中的重要地位并没有像人力资本和劳动力这样突出，多数服务行业的生产需要高度依赖人力合作，因此在研究本问题时 FE 模型比 FC 模型更优化。

江小娟（2011）认为，部分服务，从空间方面来说如理发、看病等生产和消费不能分离，由于服务不可能在异地消费因此是不可异地贸易的，然而，随着通讯、网络以及电子传输的发展，越来越多的服务可以通过信息技术实现远程贸易。王恕立（2012）认为网络信息技术使部分服务在时空上实现生产与消费的逐步分离，使服务具有可贸易性经济特征。信息技术的限制是服务贸易发展受阻的最主要因素。本章假设由于通讯、网络以及电子传输的发展导致所有服务均可以实现异地贸易。传统观点认为运输成本的大小取决于交易双方物理距离的远近，随着信息技术等的发展，服务贸易运输距离延伸为时间距离、经济距离和心理距离等概念距离，且服务贸易在概念运输距离中会产生交易费用。江小涓（2011）认为，与制造业相比，服务专业化可能产生更多的交易费用。相对来说，同一城市内服务贸易因概念距离较短，产生的交易费用比在异地贸易服务要低得多。

本章承袭 Martin 和 Roger（1995）"冰山成本"假设，并采用梁琦（2008）做法，将交易费用"冰山成本"的内涵界定发生在流通领域内的一切贸易费用，为生产者价格与消费者价格之间的差额；同时将贸易费用区别为区域内费用和区域间费用，区域内费用低于区域间费用，社会资本会降低销售服务过程中产生的交易费用。

在本模型中，促使服务产业集聚的重要因素是区域社会资本存量的差异。假设因为社会资本的存在，导致服务企业生产成本迥异，因而不同区域内的企业会产生有差异化的生产函数。除此以外，与已有研究相比，本模型存在两点不同：第一，本章是在 FE 模型基础上探讨社会资本对产业区位选择的影响；第二，在本模型中构建的 2 个区域是非完全对称的，中心区域社会资本较多，而外围区域社会资本较少。

本模型把社会资本看成一外生变量，因为社会资本往往需要高额或者长期性投资才能获得，相对来说，一些非经济因素对其影响更加巨大。

本章其他部分组织如下：第二部分文献回顾；第三部分构建了一个带有社会资本的 FE 模型，并详细地分析了经济体系的短期均衡与长期均衡以及相应的福利效应；第四部分采用数值模拟了中心区域、外围区域服务业空间分布演化过程；最后总结本章的基本结论以及政策意义。

4.1 文献回顾

正如 Hoover（1937、1948）提出的，为了使城市企业能够持续在该区域提供生产与服务，必须为这些企业雇佣的员工提供他们生活所必需的零售、餐饮、住宿、房地产、教育、医疗、卫生以及公共服务等服务以及休闲设施，同样，这些企业本身业务活动的展开也需要营销、广告、餐饮、包装、运输、房地产和保险等服务。城市特别是城市中心区域巨大的需求规模导致了对产业集聚的极大渴望。

诸多因素都对服务业集聚产生影响。从现有文献来看，将服务业集聚的影响因素大致可分为两类：一类是非制度因素，包括市场规模、劳动力共享、知识溢出、Fdi 等，Marshall（1920）、Krugman（1995）、陈建军（2009）等对此作出了详细研究。如陈建军（2009）认为知识密集度、信息技术水平、城市规模对服务业集聚有显著影响；另一类是制度因素，包括政府规模、契约制度、社会资本（汪德华，2008；barro，1991；王永进、李坤望、盛丹，2010；戴宏伟，2013 等）。目前将区域服务产业集聚差异与中国不同地区存在社会资本差异相联系的研究鲜见。其中戴宏伟（2013）将资本创造模型（CC 模型）和社会资本理论相结合，构建了社会资本与区域产业集聚理论模型，研究指出社会资本越丰富的地区产业集聚程度越高。

社会资本具有以下作用：如建立信任、促进知识和信息共享、获得外部效应、增强集群企业的吸收能力（蔡华林，2005；Mesquita 和 Lazzarini，2008；Sorenson，2003；Hauser、Tappeiner 和 Walde，2007；Asheim，2002 等）。第三章研究结论表明，分工条件下必然会导致服务业集聚，且会产生社会资本。在分工系统中，社会资本会显著降低交易费用促进服务集聚边界扩张，提高企业绩效，促进服务业创新。

以上各类文献研究均刻画了社会资本在促进服务业集聚区内企业发展过程中发挥了正效应，依据第三章结论，我们有理由大胆假设几个问题，在一个包含城市和外围的经济体内，该经济体的服务产业集聚状况可能与两个区域的社会资本质量以及数量有关。我们推断，城市的社会资本越多，则服务产业越容易集聚于城市。

4.2 理论分析

4.2.1 基本假设

为了研究社会资本与服务产业集聚之间的关系，本章建立一个由两个区域、两个行业构成的空间经济模型。以2003年Forslid和Ottaviano建立的FE模型为基础，假设每个产业都需要人力资本（H）与劳动力（L）两种生产要素投入，其中，人力资本可以跨区域自由流动，针对服务业的特点，将人力资本作为固定投入，不可流动的劳动力作为边际投入要素。服务业生产的服务不仅能在当地消费，而且通过网络、信息等进行远程消费。服务在进行异地消费时，会因为概念距离的差异而产生不同的交易费用。其中，同一区域内服务贸易因概念距离较短，产生的交易费用比在异地贸易服务要低得多。同时假设由于中心区域内有更多的社会资本，会降低为销售服务过程中产生的交易费用，也会降低服务业生产过程中的生产成本。

存在两个区域，即中心区域（C）和外围区域（E）；2个行业，即服务业（F）和其他行业（O）；两种生产要素，即人力资本（H）和劳动力（L）。以变量右上角w代表两个区域总计数，以*代表外围区域，右上角未有表示的代表中心区域。

假设两个区域的消费偏好、生产技术完全相同，不同的是要素禀赋。由于某些历史原因，中心区域的规模大于外围区域，假设初始状态下，中心区域的人力资本规模大于外围区域的人力资本，中心区域劳动力规模大于外围区域，亦即$H>H^*$，$L>L^*$。且假设初始状态下劳动力、人力资本的相对禀赋相同。即$S_H=S_L$，其中，$S_H=\dfrac{H}{H^W}$，$S_L=\dfrac{L}{L^W}$。且为了简化，假设其他行业服从瓦尔拉斯均衡条件下生产同质产品，边际投入为a_0单位L，无交易费用；服务企业为具有规模报酬递增的Dixit和Stiglitz垄断竞争行业条件下提供一种差异化服务，整个经济体生产的差异化产品种类数为n^w。

假设服务业存在"冰山成本"性质的交易费用,也即生产地点 τ 单位服务因为概念距离在途中消耗而在"运到"消费地点后变为1单位的服务。其中由于中心区域社会资本比外围区域社会资本更多,区域间贸易社会资本比外围社会资本更少,导致区域内部以及之间的贸易成本间的关系为:$\tau_3 > \tau_2 > \tau_1 > 1$,其中 τ_3、τ_2、τ_1 分别代表中心外围之间、外围内部、中心区域内部的服务贸易交易费用。

4.2.2 理论模型

(1) 消费行为。

假设消费者效用函数为:

$$U = C_F^\mu C_O^{1-\mu}, \quad C_F = \left(\int_{i=0}^{n^w} C_i^{(\sigma-1)/\sigma} di\right)^{\sigma/(1-\sigma)}, \quad 0 < \mu < 1 < \sigma \quad (4.1)$$

其中,C_F、C_O 分别代表消费者对服务行业提供的差异服务与其他行业生产的相似产品的消费量,C_i 代表第 i 种差异化服务的消费量。μ 代表支出比例,σ 代表任意两种服务间的替代弹性,两者均为常数。

若代表性消费者的工资为 W,消费者可支配收入为 E,则其预算约束为:

$$E = P_0 C_O + \int_{i=0}^{w} P_i \cdot C_i di \quad (4.2)$$

则消费者对第 j 种差异服务的需求为:

$$c_j = \frac{p_j^{-\sigma} uy}{\Delta n^w},$$

其中,

$$\Delta n^w = \int_{i=0}^{n^w} p_i^{1-\sigma} di,$$

由于差异服务的价格指数为:

$$P = \left[(np^{1-\sigma} + n^*(p^*)^{1-\sigma}\right]^{\frac{1}{(1-\sigma)}} = (\Delta n^w)^{1/(1-\sigma)} \quad (4.3)$$

则消费者对第 j 种差异服务的需求函数为:

$$c_j = \frac{p_j^{-\sigma} uy}{P^{1-\sigma}} \quad (4.4)$$

依据效用函数以及预算约束,可以获得消费者的间接效用函数为:

$$v = u^u (1-u)^{(1-u)} P_F^{-u} P_0^{-(1-u)} E \tag{4.5}$$

(2)生产行为。

假设代表性服务企业以 1 单位 H 作为固定投入,以 a 单位劳动力作为变动投入生产服务,其成本函数为

$$C = w + a_i w_L X \tag{4.6}$$

其中 W、W_L 分别代表人力资本和劳动力的工资率,依据模型假设,均衡时企业的超额利润为零,企业按照边际成本定价。由于区域内以及区域间均存在冰山交易费用,则消费者价格是生产者价格乘以冰山交易费用。则消费者价格为:

$$p_1 = \frac{\tau_1 w_L a_1}{1 - \frac{1}{\sigma}}; \quad p_2 = \frac{\tau_2 w_L a_2}{1 - \frac{1}{\sigma}}; \quad p_3 = \frac{\tau_3 w_L a_3}{1 - \frac{1}{\sigma}} \tag{4.7}$$

其中,a_1、a_2 分别代表中心区域、外围区域生产一单位服务并在本地销售需要投入的劳动力数量,a_3 代表在异地销售的服务需要投入的劳动力数量。假设由于社会资本的存在,企业交易费用更低,因此导致中心区域生产一单位服务比外围区域生产效率更低,因此生产单位产品需要更少的劳动力 a_1,而外围区域因比异地销售有更多的社会资本,因此生产一单位服务需要比中心区域更多但比异地销售更少的劳动力,即 $a_1 < a_2 < a_3$。公式(4.7)中,P_1 代表中心区域生产的服务在中心的消费者价格;P_e 代表外围区域生产的服务在外围的消费者价格;P_b 代表在异地销售的消费者价格(假设外围区域向中心区域销售和中心区域向外围销售的价格是一样的)。则 $P_1 < P_e < P_b$。为了简化,令 $\frac{\sigma-1}{\sigma \times \omega_L} = \frac{1}{P_0}$,则 $p_1 = \tau_1 a_1 P_0$(p_0 代表没有区域内交易费用的销售价格);$P_2 = \tau_2 a_2 P_0$;$P_3 = \tau_3 a_3 P_0$,从而中心区域和外围区域的服务物价指数为:

$$P = [np_1^{1-\sigma} + n^* p_3^{1-\sigma}]^{\frac{1}{1-\sigma}} = \{[\varphi_1 S_n + \varphi_3(1-S_n)] n^w P_0^{1-\sigma}\}^{\frac{1}{(1-\sigma)}} \tag{4.8^1}$$

$$P^* = [np_3^{1-\sigma} + n^* p_2^{1-\sigma}]^{\frac{1}{1-\sigma}} = \{[\varphi_3 S_n + \varphi_2(1-S_n)] n^w P_0^{1-\sigma}\}^{\frac{1}{(1-\sigma)}} \tag{4.8^2}$$

其中，$\varphi_i = (a_i \tau_i)^{1-\sigma}$（$i = 1, 2, 3$）代表贸易自由度，表示社会资本、交易费用对贸易的影响程度，则 $\varphi_1 > \varphi_2 > \varphi_3$。从公式来看，$\varphi$ 越小，表明 τ 越大，a 越大，即企业拥有的社会资本越少，交易费用越多，则贸易自由化越低。当 $a_i > \dfrac{1}{\tau_i}$ 时，则 $\varphi_i \in (0, 1)$，表明社会资本对服务企业生产率提高水平较低，只可以较少的抵消部分交易费用。当 $a_i < \dfrac{1}{\tau_i}$ 时，则 $\varphi_i \in (1, \infty)$，表明社会资本对服务企业生产率提高水平较高，可以较多的抵消部分交易费用。n、n^* 以及 n^w 分别为中心、外围以及经济体差异化服务总数量，由于每家企业只生产一种服务，因此 n^* 以及 n^w 亦可指区域或者经济体的企业数量。$S_n = \dfrac{n}{n^w}$ 为中心区域企业所占份额，$1 - S_n = \dfrac{n^*}{n^w}$ 为外围区域企业所占份额。

中心生产的第 j 个服务产品需求区域有两个部分：中心和外围。企业利润为：

$$\Pi = (P_0 - \omega_L a_1)\tau_1 c_i + (P_0 - \omega_L a_1)\tau_3 c_i^* - w \quad (4.9)$$

在企业超额利润为零的情况下，令式（4.9）等于零，利用公式（4.7）、公式（4.8）以及公式（4.9），得出企业人力资本工资率为：

$$w = \dfrac{uE^W}{\sigma n^w}\left[\dfrac{S_E \varphi_1}{\varphi_1 S_n + \varphi_3(1-S_n)} + \dfrac{(1-S_E)\varphi_3}{\varphi_3 S_n + \varphi_2(1-S_n)}\right] = bB\dfrac{E^W}{H^W}$$

$$(4.10^1)$$

$$w^* = \dfrac{uE^W}{\sigma n^w}\left[\dfrac{S_E \varphi_3}{\varphi_1 S_n + \varphi_3(1-S_n)} + \dfrac{(1-S_E)\varphi_2}{\varphi_3 S_n + \varphi_2(1-S_n)}\right] = bB^*\dfrac{E^W}{H^W}$$

$$(4.10^2)$$

其中，$b = \dfrac{u}{\sigma}$，$S_E = \dfrac{E}{E^W}$ 为总支出内中心区域支出所占份额，E^w、E 分别代表总支出以及中心区域支出。而 $B = \dfrac{\varphi_1 S_E}{\varphi_1 S_n + \varphi_3(1-S_n)} +$

$$\frac{\varphi_3(1-S_E)}{\varphi_3 S_n + \varphi_2(1-S_n)}, B^* = \frac{\varphi_3 S_E}{\varphi_1 S_n + \varphi_3(1-S_n)} + \frac{\varphi_2(1-S_E)}{\varphi_3 S_n + \varphi_2(1-S_n)}$$，根据 $\varphi_3 < \varphi_2 < \varphi_1, S_n = S_H > \frac{1}{2}$，得 $B > B^*$，则 $w > w^*$。

(3) 支出份额。

不考虑储蓄则世界支出就是等于世界收入，其公式为：

$$E^W = \frac{W_L L^W}{(1-b)} \tag{4.11}$$

中心区域支出为：$E = W_L L + wH$，其支出比例为 $S_E = \frac{E}{E^W}$，依据公式 (4.10)、公式 (4.11) 可得：

$$S_E = (1-b)S_L + bBS_H \tag{4.12}$$

其中，$S_L = \frac{L}{L^W}$，$S_H = \frac{H}{H^W}$，并将 B 代入，因 $S_n = S_H$，可得：

$$S_E = \frac{(1b)S_L \Delta_1 \Delta_2 + b\varphi_3 S_H \Delta_1}{\Delta_1 \Delta_2 bS_H(\varphi_1 \Delta_2 \varphi_3 \Delta_1)}$$

其中，$\Delta_1 = \varphi_1 S_n + \varphi_3(1-S_n)$，$\Delta_2 = \varphi_3 S_n + \varphi_2(1-S_n)$。将 $S_n = S_H = S_L$ 代入 S_E 式可得：

$$S_E = S_n + bS_n \frac{\varphi_3(1-S_n)(\Delta_1 - \Delta_2)}{\Delta_1 \Delta_2 - bS_H(\varphi_1 \Delta_2 - \varphi_3 \Delta_1)} \tag{4.13}$$

公式 (4.13) 表明，在既定的产业份额下，由于 $\Delta_1 > \Delta_2$，$\Delta_1 \Delta_2 - bS_H(\varphi_1 \Delta_2 - \varphi_3 \Delta_1) > 0$，中心区域支出份额比例大于中心区域企业比例，即 $S_E > S_n$。根据价格公式 (4.7)、人力资本工资公式 (4.10) 以及短期均衡的支出份额公式 (4.13) 式，我们可以得到一条代表短期均衡的 EE 曲线，并得到经济体在短期均衡内的一些性质。

命题 1：短期内，中心区域社会资本越大，τ_1 以及 a_1 就会越小，φ_1 越大，则中心区域的支出份额就越高，但中心区域销往本地的服务价格就越低。同时，在一个非对称的两区域经济中，由于 $B > B^*$，中心区域人力资本名义工资 w 更高，$S_L = S_H > \frac{1}{2}$，则中心区域的支出份额 S_E 较高，中心区域会进一步输入资本,本地市场效应将导致短期均衡时的 $S_E > S_n$。

(4) 长期均衡分析。

长期人力资本可以流动。由于劳动力不能流动且需要消费服务,且 $p_1 < p_2 < p_3$,因此经济体只会形成分散的稳定均衡:$S_n \in (0, 1)$。长期稳定均衡的条件为人力资本的实际报酬相等,即 $\omega = \omega^*$。依据公式 (4.10) 可得:

$$\ln \frac{\omega}{\omega^*} = \ln \frac{BP}{B^*P^*} = \ln \frac{BP_O^{-(1-u)}P_F^{-u}}{B^*P_O^{*-(1-u)}(P_F^*)^{-u}} = \ln \frac{\varphi_3\Delta_1 + (\varphi_1\Delta_2 - \varphi_3\Delta_1)S_E}{\varphi_2\Delta_1 - (\varphi_2\Delta_1 - \varphi_3\Delta_2)S_E} + u\ln\frac{\Delta_1}{\Delta_2} = 0$$

其中,

$$\mu = \frac{u}{\sigma - 1},$$

则

$$S_{长期E} = \frac{\varphi_2\Delta_1\Delta_2^\mu - \varphi_3\Delta_1^{\mu+1}}{\varphi_1\Delta_1^\mu\Delta_2 + \varphi_2\Delta_1\Delta_2^\mu - \varphi_3\Delta_1^{1+\mu} - \varphi_3\Delta_2^{1+\mu}} \quad (4.14)$$

公式 (4.14) 表示了长期均衡条件下支出份额与产业分布之间的关系,代表的曲线是一条表明长期均衡的反 NN 曲线。与短期均衡时的 S_E 相比,长期支出份额与劳动力空间分布没有直接关系,与企业以及人力资本空间分布有直接关系。

在 S_n 与 S_E 的有效取值范围 [0, 1] 内,NN 与 EE 曲线存在交点,则为长期稳定均衡。将公式 (4.13) 代入公式 (4.14) 可得:

$$\frac{(1-b)S_n\Delta_2 + b\varphi_3 S_n}{\Delta_1\Delta_2 - bS_n(\varphi_1\varphi_2 - \varphi_3^2)(1 - S_n)} = \frac{\varphi_2\Delta_2^\mu - \varphi_3\Delta_1^\mu}{(\varphi_1\varphi_2 - \varphi_3^2)[\Delta_1^\mu(1 - S_n) + \Delta_2^\mu S_n]} \quad (4.15)$$

公式 (4.15) 即为长期均衡时的中心区域企业份额。依据公式 (4.14) 所表达的中心区域与外围区域人力资本与产业份额之间的关系,本章得出长期区位的性质。由于 $S_E \leq 1$,依据公式 (4.14),则

$$\varphi_3\Delta_2^{1+\mu} - \varphi_1\Delta_1^\mu\Delta_2 \leq 0 \quad (4.16)$$

对公式 (4.16) 两边对变量 a_1、S_n 求微分,有:

$$\frac{dS_n}{da_1} \leq \frac{-(\sigma-1)a_1^{-\sigma}\tau_1^{1-\sigma}\Delta_1(\Delta^1+\mu\varphi_1 S_n)}{\mu[\varphi_1(\varphi_1-\varphi_3)\Delta_1^{\mu-1}+\varphi_3(\varphi_2-\varphi_3)\Delta_2^{\mu-1}]}$$

由于 $\sigma-1>0, \varphi_1>\varphi_2>\varphi_3$，则 $\frac{dS_n}{da_1}<0$。同理可证明 $\frac{dS_n}{d\tau_1}<0, \frac{dS_n}{d\varphi_1}>0$。因此证明命题 2^1。

同理对公式（4.16）两边对变量 a_2、S_n 求微分，有：

$$\frac{dS_n}{da_2} > \frac{a_1^{-\sigma}\tau_1^{1-\sigma}\Delta_2\varphi_3(\sigma-1)(1-S_n)}{\varphi_1(\varphi_1-\varphi_3)\Delta_1^{u-1}+\varphi_3(\varphi_2-\varphi_3)\Delta_2^{u-1}}$$

则 $\frac{dS_n}{da_2}>0$，同理可证明 $\frac{dS_n}{d\tau_2}>0, \frac{dS_n}{d\varphi_2}<0$。因此证明命题 2^2。

命题 2^1：长期内，在其他条件不变的情况下，a_1 越小，τ_2 越小，即 φ_1 增加，中心城区社会资本越多，单位产出需要的劳动力越少，交易费用越低，则更够吸引更多的服务产业向中心城市集聚；长期均衡条件下，中心城市的产业份额也就越高。

命题 2^2：长期内，在其他条件不变的情况下，a_2 越大，τ_2 越大，即 φ_2 减少，即外围区域社会资本越少，外围区域单位产出需要的劳动力越多，交易费用越高，则更难吸引服务业，则更多的服务产业向中心城市集聚；长期均衡条件下，中心城市的产业份额也就越高。

命题 2^3：长期内，在其他条件不变的情况下，φ_i 大于 1，还是小于 1，即无论 $a_i>\frac{1}{\tau_1}$，还是 $a_i<\frac{1}{\tau_1}$，社会资本对生产厂家的影响大于还是小于交易费用的增加对区域交易的影响，对产业份额的集聚无直接联系。

在产业集聚过程中，中心和外围区域的劳动力报酬差距始终存在，依据公式（4.10），两个区域劳动力福利差距为：

$$\frac{v}{v^*} = \frac{u^u(1-u)^{(1-u)}P_F^{-u}P_0^{-(1-u)}}{u^u(1-u)^{(1-u)}(P_F^*)^{-u}P_0^{-(1-u)}} = \frac{\Delta_1^\mu}{\Delta_2^\mu} \quad (4.17)$$

设 $T=\Delta^1-\Delta^2$，则函数 T 与 $\frac{v}{v^*}$ 函数有相同的变动趋势，求 T 对 a_1 的导数，有：

$$\frac{dT}{da_1} = (1-\sigma)a_1^{-\sigma}\tau_1^{1-\sigma}[S_n + (\varphi_1 + \varphi_2 - 2\varphi_3)\frac{dS_n}{d\varphi_1}]$$

由于 $1-\sigma < 0$, $\varphi_1 + \varphi_2 - 2\varphi_3 > 0$, $\frac{dS_n}{d\varphi_1} > 0$, 则 $\frac{dT}{da_1} < 0$, 即证 $\frac{d\frac{v}{v^*}}{da_1} < 0$。同理可证明, $\frac{d\frac{v}{v^*}}{d\tau_1} < 0$。因此可证明命题 3^1。

求 T 对 a_2 的导数, 有:

$$\frac{dT}{da_2} = (1-\sigma)a_2^{\sigma}\tau_2^{1-\sigma}[(\varphi_1 + \varphi_2 - 2\varphi_3)\frac{dS_n}{d\varphi_2} - (1-S_n)]$$

由于 $1-\sigma < 0$, $\varphi_1 + \varphi_2 - 2\varphi_3 > 0$, $\frac{dS_n}{d\varphi_2} < 0$, $-(1-S_n) < 0$, 即证 $\frac{dT}{da_1} > 0$。则 $\frac{d\frac{v}{v^*}}{da_2} > 0$。同理可证明, $\frac{d\frac{v}{v^*}}{d\tau_2} > 0$。因此可证明命题 3^2。

命题 3^1: 在其他条件不变的情况下, 随着 τ_1、a_1 越来越少, 即 φ_1 增加, 中心区域社会资本越大, 则中心区域和外围区域劳动力之间的福利差距 $\frac{v}{v^*}$ 越来越大。

命题 3^2: 在其他条件下, 随着 τ_2、a_2 越来越少, 即 φ_2 增加, 外围区域社会资本越大, 外围与中心区域社会资本的差距缩小, 则中心区域和外围区域劳动力之间的福利差距 $\frac{v}{v^*}$ 越来越小。

令 $\frac{\varphi_1}{\varphi_2} = t_1$, $\frac{\varphi_3}{\varphi_2} = t_2$, 有 $t_1 > 1 > t_2 > 0$, 设 $\frac{\Delta_1}{\varphi_2} = \Delta_1^* = t_1 S_n + t_2(1-S_n)$, $\frac{\Delta_2}{\varphi_2} = \Delta_2^* = t_2 S_n + (1-S_n)$, 则公式 (4.17) 可写为:

$$\frac{v}{v^*} = \frac{(\Delta_1^*)^{\mu}}{(\Delta_2^*)^{\mu}} \tag{4.18}$$

设 $T^* = \Delta_1^* - \Delta_2^*$，则函数 T^* 与 $\dfrac{v}{v^*}$ 函数有相同的变动趋势，求 T^* 对 t_1 的导数，有：

$$\frac{dT}{dt_1} = S_n + \varphi_2(t_1 + 1 - 2t_2)\frac{dS_n}{d\varphi_1}$$

由于，$t_1 + 1 - 2t_2 > 0$，则 $\dfrac{dT}{dt_1} > 0$。即证 $\dfrac{d\dfrac{v}{v^*}}{dt_1} > 0$。因此可证明命题 4^1。

求 T^* 对 t_2 的导数，有：

$$\frac{dT}{dt_2} = (1 - 2S_n) - \frac{\varphi_3}{t_2^2}(t_1 + 1 - 2t_2)\frac{dS_n}{d\varphi_2}$$

则当时，$S_n(\dfrac{1}{2}, -\dfrac{\varphi_3}{2t_2^2}(t_1 + 1 - 2t_2)\dfrac{dS_n}{d\varphi_2} + \dfrac{1}{2})$ 时，$\dfrac{dT}{dt_2} > 0$，即 $\dfrac{d\dfrac{v}{v^*}}{dt_2} > 0$。

$S_n(-\dfrac{\varphi_3}{2t_2^2}(t_1 + 1 - 2t_2)\dfrac{dS_n}{d\varphi_2} + \dfrac{1}{2}, 1)$ 时，$\dfrac{dT}{dt_2} < 0$，即 $\dfrac{d\dfrac{v}{v^*}}{dt_2} < 0$。因此可证明命题 4^2。

命题 4^1：在其他条件不变的情况下，随着 $\dfrac{\varphi_1}{\varphi_2}$ 比值的增加（降低），即中心区域内部与外围区域内部交易费用的扩大（缩小），外围区域与中心区域社会资本差异的增加（缩小），则中心区域与外围区域劳动力福利差距就越扩大，就越能（不能）吸引更多的服务产业向中心城市集聚。

命题 4^2：在其他条件不变的情况下，当 $\dfrac{\varphi_3}{\varphi_2}$ 比值小于临界点 $[-\dfrac{\varphi_3}{2t_2^2}(t_1 + 1 - 2t_2)\dfrac{dS_n}{d\varphi_2} + \dfrac{1}{2}]$ 时，随着 $\dfrac{\varphi_3}{\varphi_2}$ 比值的增加（降低），即外围区域内部与异地交易费用的扩大（缩小），则中心区域与外围区域劳动力福利差距就会

缩小（扩大），就越难以发生异地销售服务行为。当 $\dfrac{\varphi_3}{\varphi_2}$ 比值大于临界点 $\left[-\dfrac{\varphi_3}{2t_2^2}(t_1 + 1 - 2t_2)\dfrac{dS_n}{d\varphi_2} + \dfrac{1}{2} \right]$ 时，随着 $\dfrac{\varphi_3}{\varphi_2}$ 比值的增加（降低），即外围区域内部与异地交易费用的扩大（缩小），则中心区域与外围区域劳动力福利差距就会扩大（缩小），就越容易发生异地销售服务行为。

4.3 数值模拟及其结果

通过对方程采用数值解法，为变量赋以特殊值来讨论产业区位的短期、长期均衡性质。令参数 $u = 0.5$，$\sigma = 4$，$S_L = \dfrac{2}{3}$，利用 Mathemetic 6.0 软件进行数值模拟。

4.3.1 短期均衡模拟

图 4-1 模拟的是 $a_1\tau_1 = 1.478 \times 0.492$，$a_2\tau_2 = 2.367 \times 0.157$，$a_3\tau_3 = 3.892 \times 0.212$ 时的短期均衡人力资本工资以及产业状况。在非对称长期稳定的服务业模式下，图 4-1（左）模拟的是在短期均衡条件下中心区域与外围区域人力资本工资报酬与生产分布情况之间的变动状况。首先，中心区域人力资本工资大大高于外围区域人力资本工资，随着外围区域人力资本向中心区域的转移，产业向中心区域的集聚，外围区域与中心区域人力资本之间的工资差异逐渐减少，甚至外围区域人力资本工资高于中心区域人力资本工资，之所以存在这种现象，是因为中心区域服务价格较低，在中心区域消费价格指数进一步下降，居住的生活成本更低，因此，中心区域有更高的实际工资报酬。

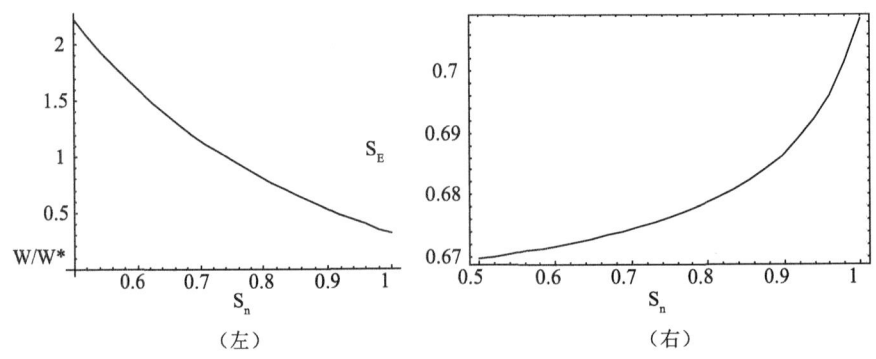

（左） （右）

图 4-1 短期均衡产出与支出

图 4-1（右）图模拟的是相同数据条件下的短期均衡产业与支出性质。输出结果表明，中心区域产业份额与支出份额正相关，且短期均衡曲线的每一点上，支出份额均大于产业份额，说明存在本地市场效应，中心区域服务产业进一步集聚，从图上可以看出，到某一临界点，支出份额急剧增加，从而外围的发展会更加不利。

4.3.2 长期均衡模拟

第一，图 4-2（a）[①] 中，在非对称长期稳定的服务业模式中，长期稳定均衡点处 $S_n > S_E > 0.5$，说明市场份额规模大的中心区域，支出份额或者市场份额的变化导致企业份额更大比例的变化。但均衡点产业也不可能完全集中于中心城市（$\frac{1}{2} < S_n < 1$）。在图 4-2（a_1）、图 4-2（a_2）中，给出一个临界社会成本，在这点上集聚达到稳定均衡，图 4-2（a_1）显示的是 $\tau_i < \frac{1}{a_i}$，即社会资本越大，则服务在异地交易费用增加的越小，而生产服务所需的劳动力越少，边际投入越少，图 4-2（a_2）中显示的是 $\tau_i > \frac{1}{a_i}$，即中心区域社会资本较少，则服务在异地交易费用增加的越多，而生产服务所需

---

① 图（a_1）中 $a_1\tau_1 = 2.478 \times 0.693$，$a_2\tau_2 = 3.567 \times 0.895$，$a_2\tau_2 = 4.782 \times 1.237$；图（$a_2$）中，$a_1\tau_1 = 1.478 \times 0.492$，$a_2\tau_2 = 1.667 \times 0.512$，$a_1\tau_1 = 1.892 \times 0.597$。

的劳动力越多,边际投入越多,从图4-2(a₁)、图4-2(a₂)来看,τ、$\frac{1}{a}$大小与长期均衡无关,无论φ_i大于1还是小于1,对服务产业长期均衡均无影响,因此以下长期均衡数值均以$\varphi_i > 1$为典型进行模拟后的结果。

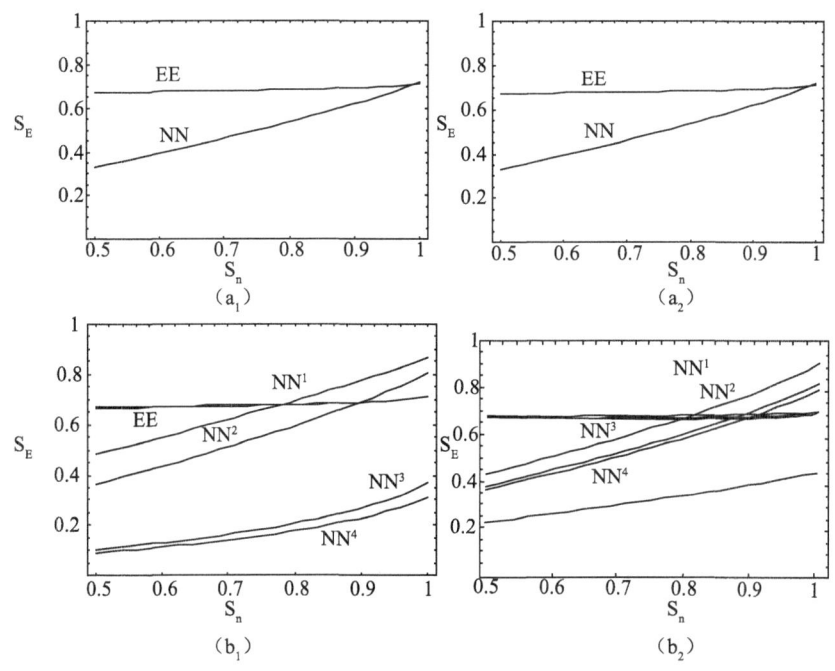

图4-2 长期均衡区位图解

第二,图4-2(b₁)数值模拟显示了其他条件不变的情况下,随着φ_1由小到大的变化,产业中心区域生产活动的分布情况的变化。NN^1、NN^2、NN^3、NN^4分别代表φ_2、φ_3不变情况下,$a_1\tau_1$越来愈大,φ_1越来越小的短期均衡曲线①。从NN与EE曲线交点以及非交点规则来看长期稳定均衡,随着φ_1增加,中心城区的产业份额越多。这是因为中心城区社会资本越多,单位产出需要的劳动力越少,交易费用越低,则更能够吸引更多的服务产业向中心城市集聚;长期均衡条件下,中心城市的产业份额也就越高。因

---

① 分别代表$a_1\tau_1 = 1.41×0.245$、$1.478×0.123$、$1.33×0.13$、$1.112×0.013$的短期均衡曲线。

此验证命题 2^1。

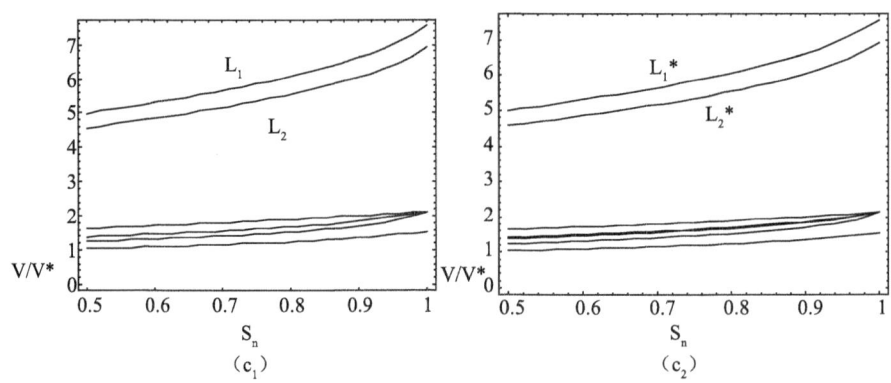

图 4-3 工资与产业的均衡区位

图 4-2（b_2）数值模拟显示了其他条件不变的情况下，随着 φ_2 的变化，产业中心区域生产活动的分布情况的变化。NN^1、NN^2、NN^3、NN^4 分别代表 φ_1、φ_3 不变情况下，$a_2\tau_2$ 越来愈大，φ_2 越来越小的短期均衡曲线①。从 NN 与 EE 曲线交点来看长期稳定均衡，随着 φ_2 减少，中心城区的产业份额越多。这是因为外围社会资本少，单位产出需要的劳动力越多，交易费用越高，则更难吸引更多的服务产业向外围区域分散；长期均衡条件下，中心城市的产业份额也就越高。因此验证命题 2^2。

第三，图 4-3 数值模拟显示中心区域和外围区域的劳动力福利差距 $\dfrac{v}{v^*}$ 与服务产业在中心区域份额之间的相关性。其参数赋值来源情况与图 4-2 相同。数值模拟结果表明：随着服务产业在中心区域的集聚，中心区域的服务产业份额越大，中心区域和外围区域福利差距越来越大。其原因是由于产业向中心区域集聚，劳动力由于无法流动，外围劳动力失去产业，外围生活费用增加，部分抵消贸易自由化的收益。图 4-3（c_1）中，随着中心区域 φ_1 与外围区域 φ_2、异地区域 φ_3 绝对差异的增加，中心区域与外围

---

① 代表 $a_1\tau_1 = 1.41 \times 0.245$、$a_3\tau_3 = 3.892 \times 0.212$ 时，$a_2\tau_2 = 1.567 \times 0.18$、$1.968 \times 0.18$、$2.367 \times 0.15$ 以及 3.5×0.19 的短期均衡曲线。

区域劳动力差距 $\frac{v}{v^*}$ 就越明显。图4-3（c_2）中显示随着中心区域 φ_1 与外围区域 φ_2、异地区域 φ_3 相对差异的增加，中心区域与外围区域劳动力福利差距 $\frac{v}{v^*}$ 就越明显。其中 L_1、L_1^* 分别代表 $a_1\tau_1 = 1.112 \times 0.013$、$a_2\tau_2 = 2.367 \times 0.57$ 时贸易条件差距绝对量和相对量均较大时的劳动力福利差距 $\frac{v}{v^*}$；L_2、L_2^* 分别代表 $a_1\tau_1 = 1.33 \times 0.13$、$a_2\tau_2 = 2.367 \times 0.57$ 时贸易条件差距绝对量和相对量均较大时的劳动力福利差距 $\frac{v}{v^*}$，从图上看，该条件下，中心区域劳动力工资报酬是外围劳动力工资报酬的5倍左右，差距明显。其他数据模拟结果显示，在贸易条件差异不大的情况下，中心区域与外围区域劳动力福利差距差异不大。

4.3.3 基本结论及政策意义

（1）基本结论。

通常中心区域有更高的信用水平和更好的契约执行效率，因此有更优质和更多的社会资本。而中心城市劳动力和人力资本数量往往比外围区域更多，这些都直接把中心和外围区域置于不对称的发展地位。本章通过对该问题进行建模、数值模拟以后，得出一些基本结论。

首先，中心区域有比外围区域更高的社会资本，导致服务交易费用较少，服务生产成本更低，服务产业向中心城市转移，然后通过本地市场效应和本地市场化扩大效应，中心区域逐渐形成服务业集聚中心，外围区域逐渐沦为边缘地区，但在均衡点，服务产业不可能完全集中于中心城市。

其次，中心区域有比外围区域更多的人力资本和劳动力数量，有更高的人力资本和劳动力工资，吸引更多的人力资本和服务产业集聚进一步集聚。从而，外围区域的发展条件会更不利，与中心区域的发展差距增加。

本章的检验结果显示，社会资本差异对经济活动的区域分布的影响是十分显著的。

(2) 政策建议。

以上研究表明,提高服务业集聚水平需要重视地区社会资本的培养和建设。首先,社会资本的本质是网络下的人与人的关系,因此通过政府的政策支持,提供提高区域内的社会资本水平的基础设施,包括互联网、电话以及其他通讯设备。其次,社会资本与信用成正相关。因此,通过加强"信任"精神文明建设,比如提倡儒家文化、增加服务厂商对当地投资的信任,进而提高当地社会资本,促进服务业集聚区发展。

5 服务业集聚形成阶段：社会资本对其作用的实证分析

前一章研究数据模拟表明，社会资本差异对经济活动区域分布的影响是明显的，本章将通过实证研究探讨社会资本对服务业集聚的影响，试图解决以下问题：一是实证社会资本差异是否影响以及如何影响区域服务业集聚的？二是实证中国东部地区与西部地区不同的服务业集聚水平是否受不同的社会资本水平的影响？

同时针对目前各地政府对区域服务业集聚的不遗余力的干预状况，本章还研究了政府干预①对服务业集聚的影响机制、社会资本对政府干预的替代作用，拟解决以下问题：我国各地区的政府干预差异是否会影响以及如何影响该地区服务业集聚的？政府干预与社会资本在影响服务业集聚形成机理中所起的所用是什么？政府干预和社会资本在中国地区经济差异中扮演什么角色？

鉴于数据的可得性，本章以中国 120 个地级及以上城市为样本对象来研究社会资本、政府干预与服务业集聚三者之间的关系。

本章其他部分组织如下：第二部分为研究假设的推导；第三是模型的建立，变量的定义和数据选取；第四部分是实证检验与结果分析；最后部分总结本章的基本结论以及政策意义。

---

① 通常认为，政府干预是政府为了实现自身政治目标，会做出损害企业正常生产经营，干预企业自我决策的活动或者制定不利于企业活动的政策，是负面的。但本章假设政府目标和企业目标一致，因此，本章政府干预是有益的。

5.1 社会资本对服务业集聚实证分析

5.1.1 假设

(1) 社会资本与服务业集聚。

服务业如金融、保险、不动产、商务服务等的生产和交易涉及到更为密集和复杂的契约安排,因此服务企业之间的交往与联系,在很大程度上是通过社会网络(社会资本)来进行的。在这种网络下,集群内企业更有利于加快信息的传播与扩散,通过复制、模仿等方式,其他企业可以快速扩散好的信息、技术、实践(Iyer,2005;Tura 和 Harmaakorpi,2005 等)。具体来讲,社会资本对服务业集聚产生积极影响主要有三类机制:一是社会资本促进集聚区知识流动。Hauser、Tappeiner 和 Walde(2007),Asheim(2002)等认为集群中的互动可以打破企业间知识交换的壁垒,促进集聚内企业知识的外溢,强化集群企业的吸收能力。二是拥有更多社会资本存量和更优质社会资本质量的企业可以更方便的获得物质资本、人力资源等稀缺资源。三是通过社会资本,更容易了解竞争者、客户以及供应商的生产消费行为、道德状况,降低经营的不确定性和风险,促进集群内企业的信任和合作。因此社会资本会显著促进服务业集聚,其地区差异会造成各地区间产业集聚的差异。

当然不是说社会资本越多越能促进服务业集聚。Triglia(2000)认为社会资本除了给集群带来机会,也会带来限制。Molina-Morales,F. Xavier(2005)认为,集聚区社会资本存在临界值,超过该点,则社会资本对产业集聚的影响减弱,社会资本对集聚的影响呈倒 U 型。Uzzi(1997)从信息角度出发,也指出了社会资本对产业集聚发展的负面影响,他指出嵌入性可以使企业获得细密的信息。但过度嵌入会产生负面影响。针对社会资本会造成地方产业集聚失去活力的现象,Grabher(1993)、王缉慈(2003)将其称为功能锁定、政治锁定、关系锁定、制度组织锁定。鉴于以上分析，本章推出如下假设1。

假设1：在一定范围内，社会资本越高的区域，服务业集聚程度越高。但超过临界点，社会资本反而会对产业集聚产生负面影响，即社会资本对服务业集聚的影响呈倒U型。

5.1.2 模型、变量和数据

（1）模型。

鉴于以上分析及假设，设置

模型一：

$$Clus = \alpha + \beta_1 Soc + \beta_2 Soc^2 + \beta_3 Fina + \beta_4 GDP + \beta_5 HumC + \beta_6 Serv + \beta_7 HRway + \sum_{j=8}^{20} \beta_j Ind + \sum_{j=21}^{27} \beta_j Year + \varepsilon \quad (5.1)$$

模型中各有关变量的定义见表5-1。

（2）变量定义。

①服务业集聚度。产业集聚测度指标包括CR、HI、G、LQ、EG、MS等指数。其中G系数与EG指数在实践中运用最广。考虑到数据的可操作性，很多学者用工业产值比重来衡量制造业集聚，但由于中国服务业产值被严重低估，本章借鉴陈建军（2009）等学者的做法，将地区k服务行业i的从业人员占k地区所有行业从业人员的比重作为衡量该地区该行业集聚程度的指标。该指标越大，服务业集聚程度越高。

②社会资本水平。社会资本的刻画一直是学术上的难点。目前主要有两大方法：一是从微观角度调查给定区域内的网络数量、交流频率及联系强度来衡量该区域的社会资本水平；二是从宏观角度调查给定区域内的信任指数、规范指数、捐赠血液的情况、公益组织的参与度等来衡量该区域的社会资本水平。由于张维迎（2002）的信任指数、《中国营商环境报告报告》规范指数以及国家卫生部医政司血液处的无偿献血率均为省级数据，而我们强调研究小地理范围产业集聚更有意义，因此本章借鉴Temple和Johnson（1998）、lshise和Sawada（2009）以及严成樑（2012）的做法，从信息共享和相互沟通的角度来测度地区社会资本，用地区电话拥有量占

全国电话拥有量的比重、地区互联网拥有量占全国互联网拥有量的比重2个指标衡量社会资本。当地区电话拥有量占全国电话拥有量的比重、地区互联网拥有量占全国互联网拥有量的比重越大，则表明当地社会资本越多。

表 5-1　主要变量定义及其计算方法

含义	符号	定义及计算方法
因变量：		
服务业集聚水平	Clus	地区 k 服务行业 i 的就业人数占 k 地区所有服务行业就业人数的比重
解释变量：		
社会资本（Soc）	Soc_net	各地区电话（固定电话加移动电话）拥有量占全国电话拥有量的比重
	Soc_pho	各地区互联网拥有量占全国互联网拥有量的比重
政府干预	Gov	采用世界银行对中国 120 个城市的调研报告数据
控制变量：		
财政支出	Fina	各地区财政支出占全国城市财政支出的比重
地区总产值	GDP	各地区 GDP 占全国城市 GDP 的比重
人力资本	HumC	各地区每万人拥有的高等学校专任教师占全国城市每万人拥有的高等学校专任教师的比重
服务业产值	Serv	各地区服务业产值占全国城市服务业产值的比重
基础设施	HRway	各地区人均道路面积（人/平方米）

③其他控制变量。本章在模型中还加入了财政支出、人均 GDP、人力资本、服务业产值以及基础设施等控制变量。人均 GDP、财政支出可以衡量各地区的经济发展水平。我们还选取了一些影响服务业集聚的新经济地理因素作为控制变量，具体包括服务业产值和基础设施。由于服务业更强调知识、人力资本的作用，因此本章选取各地区每万人拥有的高等学校专任教师占全国城市每万人拥有的高等学校专任教师的比重作为人力资本控制变量，衡量服务业是否为粗放型发展方式。

本章同时采用虚拟变量来控制行业影响和年度影响。样本涉及14个行业，因此在模型中加入13个行业虚拟变量（Ind_i）。样本期间是2003—2010年，因此在模型中加入8个年份虚拟变量（$Year_i$）。

(3) 数据来源。

本章服务业集聚度、社会资本、财政支出、人均GDP、人力资本、服务业产值以及基础设施等变量均来源于《中国城市统计年鉴》。由于服务业统计口径2003年更新，因此本章数据取自2003—2010年。我们还从研究样本中剔除了一些数据缺失的样本。

(4) 模型说明。

模型一用来检验我国大陆各地区社会资本对服务业集聚的影响。依据本章理论预期，社会资本会显著地影响当地服务业集聚程度，在一定范围内，社会资本与服务业集聚正相关，超出该范围，社会资本与服务产业集聚负相关。如果假设成立，则模型一中的 β_1 显著为正值，β_2 显著为负值。

5.1.3 研究结果

由于东中西部城市发展不均衡，本章将中国城市分为两个部分来考察：东部、中西部，其中，东部地区包括① 10个省份内的城市，中西部地区包括其他剩余城市。

(1) 描述性统计。

①各地区社会资本。

图5-1给出了在2003—2010年社会资本度量的2个指标——互联网用户数和电话用户数（包括固定电话和移动手机）在中国120个地区的年平均分布情况。如图5-1所示，通过电话用户数和互联网用户数衡量的社会资本具有相同的变动趋势。从区域来看，不同地区社会资本水平存在较大差异，不均衡现象严重。

图5-2提供了2003—2010年中国120个地区以人均电话平均年拥有量

---

① 这10个城市分别为：北京、河北、天津、辽宁、江苏、上海、浙江、福建、广东以及海南。

衡量的社会资本分布状况。从图5-2看出，社会资本变动较小，略有波动。可能是虽然移动电话逐年增加，但固定电话却逐年下降，导致各地区电话用户总量变动不大。从分区来看，东部地区服务业集聚水平显著高于中西部地区，且差异有增加趋势。

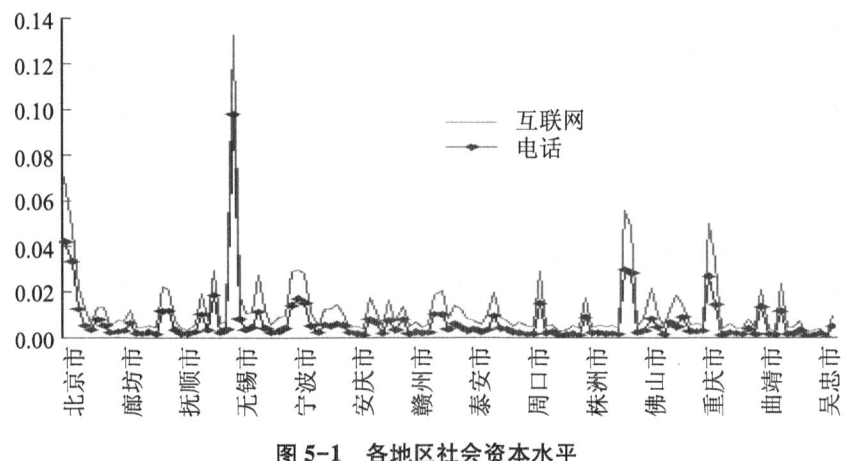

图5-1 各地区社会资本水平

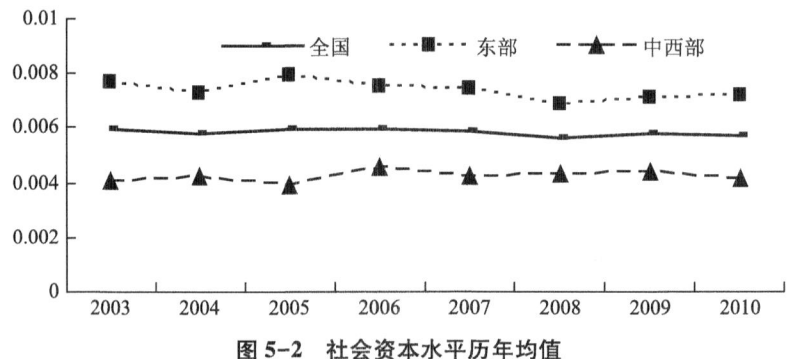

图5-2 社会资本水平历年均值

②服务产业集聚。

图5-3给出了中国120个地区服务业集聚水平在2003—2010年平均分布情况。总体趋势为上升，略有波动。从图5-3看出，东部区域服务业集聚水平显著高于中西部区域，且差异有增加趋势。

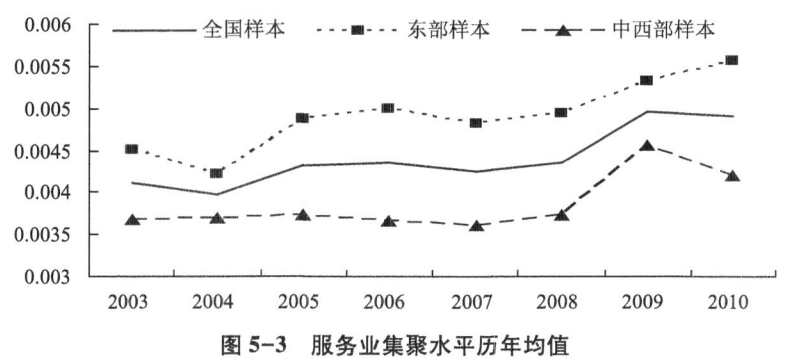

图 5-3 服务业集聚水平历年均值

(2) 回归结果分析。

表 5-2 反映了两个不同指标衡量的社会资本和服务业集聚水平回归结果。表 5-2 显示，全国层面的回归模型和分区域层面回归模型 2 个维度的研究均证明本章假设 1。

无论是全国样本，还是分区样本，在控制了财政支出、GDP、人力资本、服务产值、基础设施、行业和年份的变量以后，无论模型一还是模型二，社会资本系数 β_1 显著为正值，社会资本变量平方系数 β_2 显著为负值，这说明社会资本与服务业集聚的影响是非单调递增，存在一个"拐点"，在拐点服务产业集聚水平达到最高。在拐点以前，社会资本与服务业集聚是正相关，且社会资本对服务业集聚的正向影响随着集聚度的增加逐渐减少，超过拐点以后，社会资本与服务业集聚是负相关，即社会资本与服务业集聚之间会呈现"倒 U"型结构。研究结论支持本章假设 1：在一定范围内，社会资本越高的区域，服务业集聚程度越高，但超过临界点，社会资本反而对产业集聚产生负面影响，即社会资本对服务业集聚影响呈倒 U 型。

如图 5-4 所示的是社会资本 [其中图 5-4 (a) 以每户电话拥有量指标衡量，图 5-4 (b) 以互联网指标衡量] 与服务业集聚非线性关系图，在图 5-4 (a) 中，全国样本中社会资本取值为 0.017604177，东部样本取值为 0.0208805，中西部样本社会资本取值为 0.0072213，服务业集聚水平最高。目前全国社会资本均值为 0.066，东部社会资本均值为 0.083，中西部社会资本均值为 0.0047，说明大部分城市尚远未达到这一拐点值，大部分城市还处于服务业集聚递增阶段。在图5-4（b）中，以互联网指标反映的社会资本与服务业集聚非线性关系图与图5-4（a）有相同的变动趋势。因此不再赘述。图5-4还表明，超过拐点，集聚效应会下降。

图5-4分地区研究结果表明，东部地区拐点值集聚度和社会资本比西部地区拐点值要高，中西部地区比东部地区更早达到拐点值，如图5-4所示。以图5-4（a）为例，以人均电话拥有量衡量的社会资本在中西部地区最高值为0.007221时，此时中西部地区有最高的集聚度，从图上可以看出，该值远远低于0.01。而从东部来看，以人均电话拥有量衡量的社会资本在东部地区最高值远远高于中西部地区值为0.0208805时，此时东部地区有最高的集聚度，该值超过0.02，远远高于中西部集聚水平最高值。即中西部城市在社会资本较低时就出现社会资本对服务业集聚的抑制作用，中西部地区服务业集聚在拐点达到的最高值比东部地区服务业集聚在拐点达到的最高值要低很多。

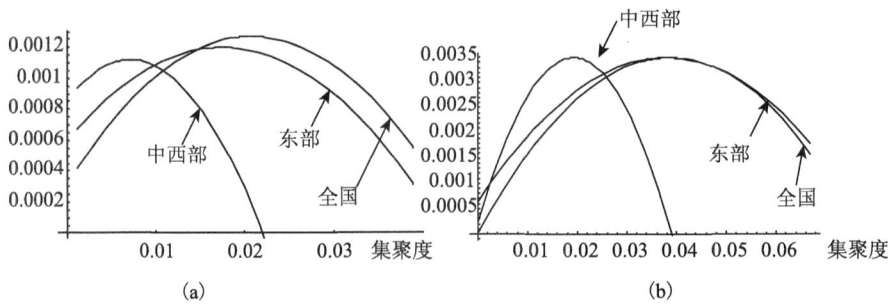

图5-4 社会资本与服务业集聚非线性关系图

从表5-2反映的各种控制变量回归结果来看，在电话、互联网衡量的社会资本指标下，无论是全国还是分区域条件下，控制变量财政支出、服务业产值、人均道路面积与服务业集聚显著正相关，这说明当地财政支出越大，服务产值越高，基础设施越好，则当地服务业越容易集聚，且集聚程度越高。其他控制变量中，GDP与服务业集聚显著负相关，人力资本在以互联网为社会资本为代理变量的回归模型中统计结论并不显著，而在以电话为社会资本为代理变量的回归模型中统计结论显著正相关。GDP 与服务业集聚负相关，可能的原因是由于中国服务业核算的不完善，导致服务业严重低估，进一步影响地区 GDP 值。

表5-2 社会资本与服务业集聚水平回归结果

解释变量	全国样本		东部地区样本		中西部地区样本	
	(1)	(2)	(1)	(2)	(1)	(2)
cons	0.003074*** (0.000)	0.0031401*** (0.000)	0.0023905*** (0.000)	0.0020349*** (0.000)	-0.0005627** (0.018)	-0.0006894*** (0.002)
Soc_pho	0.0683967*** (0.000)		0.0918085*** (0.000)		0.0724665* (0.065)	
Soc_pho^2	-1.942627*** (0.000)		-2.198418*** (0.000)		-5.017547*** (0.000)	
Socl_net		0.1522356*** (0.000)		0.1843158*** (0.000)		0.3437531*** (0.000)
Soc_net^2		-2.011661*** (0.000)		-2.3522251*** (0.000)		-8.888345*** (0.000)
Fina	0.0716414*** (0.000)	0.1395891*** (0.000)	0.0736686*** (0.000)	0.151716*** (0.000)	-0.0519337** (0.032)	-0.1717665*** (0.000)
GDP	-0.5938284*** (0.000)	-0.5833409*** (0.000)	-0.55665*** (0.000)	-0.496168*** (0.000)	-0.5685454*** (0.000)	-0.5692616*** (0.000)
HumC	0.0023494** (0.048)	0.0008539 (0.458)	0.0014577 (0.453)	0.0018474 (0.324)	0.0004067 (0.778)	0.0002839 (0.844)
Serv	0.600073*** (0.000)	0.5122169*** (0.000)	0.5765827*** (0.000)	0.4509831*** (0.000)	0.8227147*** (0.000)	0.6901675*** (0.000)

续表

解释变量	全国样本		东部地区样本		中西部地区样本	
	(1)	(2)	(1)	(2)	(1)	(2)
HRway	0.002087*** (0.000)	0.0025498*** (0.000)	0.0002464*** (0.000)	0.0001185*** (0.000)	0.0001176*** (0.000)	0.0001185*** (0.000)
ind	Control	Control	Control	Control	Control	Control
year	Control	Control	Control	Control	Control	Control
obs	13131	13131	13131	13131	13131	13131
Adj-R^2	0.5483	0.5907	0.5572	0.5665	0.5604	0.5665

注：1. 用人均电话拥有量指标衡量社会资本；
2. 用人均互联网指标衡量社会资本；***p<0.01，**p<0.05，*p<0.1，其中括号内为估计系数的P值。

5.1.4 稳健性检验

由于社会资本与服务业集聚之间可能存在内生性问题，即一方面社会资本可以促进当地服务产业集聚；另一方面，服务产业集聚也会提高当地的社会资本水平。为解决上述内生问题，本章取滞后1期的社会资本为解释变量，进一步考察全国样本下社会资本与服务业产业集聚之间的相关性。表5-3中稳定性检验给出了对假设1的稳健性测试。

对假设1的稳健性测试中，回归检测了滞后1期社会资本对服务业集聚影响程度，可以看出，在控制其他变量以后，滞后1期的社会资本对应的系数β_1依旧显著为正值，社会资本变量平方系数β_2依旧显著为负值，进一步证明假设1成立，这说明社会资本对服务业集聚的促进作用是稳健的。

表5-3 社会资本与服务业集聚水平稳健性测试

解释变量	假设1稳健性测试	
	(1)	(2)
cons	0.0030194*** (0.000)	0.0029243*** (0.000)

续表

解释变量	假设1稳健性测试	
	(1)	(2)
Soc_pho	0.064454 *** (0.000)	
Soc_pho^2	-2.387074 *** (0.000)	
Socl_net		0.1358503 *** (0.000)
Soc_net^2		-1.599614 *** (0.000)
Fina	0.341529 ** (0.000)	0.0612438 *** (0.000)
GDP	-0.6306142 *** (0.000)	-0.6114473 *** (0.000)
HumC	.0004919 (0.666)	-0.000027 (0.980)
Serv	0.6737879 *** (0.000)	0.6114473 *** (0.000)
HRway	0.0002028 *** (0.000)	0.00896 *** (0.000)
ind	Control	Control
year	Control	Control
obs	13131	13131
Adi-R^2	0.5842	0.5832

注：1. 用人均电话拥有量指标衡量社会资本；
2. 用人均互联网指标衡量社会资本；***p<0.01，**p<0.05，*p<0.1，其中刮号内为估计系数的P值。

5.2 社会资本在服务业集聚形成中对政府干预替代作用的实证分析

5.2.1 假设

（1）政府干预与服务业集聚。

改革开放以来地方政府业绩、政府官员的绩效考核由强调政治挂帅转向经济建设，因此地方政府有强烈的动机干预辖区内的企业经济活动。目前中国各级地方政府都会干预经济活动的空间分布，实际上服务业集聚形成以及发展过程中也需要政府的介入（Djankov，2003）。

陈建军（2009）认为在以 GDP 为主的政绩考核指标下，地方政府会更注重制造业集聚，因此，政府干预与制造业正相关，与服务业负相关，政府干预会导致服务业集聚水平降低和服务业产值比重降低。但实际是不是这样呢？从全球范围来看，全球发达国家服务业增加值占 GDP 比重由 1980 年的 56.35% 上升至 2008 年的 70.10%，从中国来看，中国城市服务业产值占 GDP 平均比重由 2002 年的 42% 上升至 2011 年的 47.4%，2011 年北京、上海以及广州服务业产值占 GDP 比重接近甚至超过 60%，这些数据显示经济发展核心是服务业，且服务产值越来越重要。政府会通过干预服务业产值以及服务业地理分布提升当地经济能级，发展服务业已成为地区政府拉动当地经济发展的主要驱动力并成为官员晋级的资本，因此政府干预可能与服务业集聚正相关。

政府干预服务业集聚有两种方法。一是对服务业集聚区的经济、社会活动提供直接干预；二是为服务业集聚提供服务、政策以及制度等支持。对于前者，政府主要通过制定服务业集聚发展规划、招商引资，积极推动集聚区内服务业与其他机构（包括投资企业、金融机构、科研机构、政府相关部门）之间的互动和交流，建立产学研合作基地等活动进行直接干预。实际上，由于金融业、科学研究、技术服务、邮政储蓄以及地质勘探等服务业涉及国民经济命脉，教育、卫生、环境以及公共管理等公共服务业，因此更容易受政府对其经济活动的直接干预；对于后者政府通过实施更好的产权保护、高效的法律执行力度、良好的基础设施以及优质高效的公共服务和公共品供给等，为服务业集聚缔造完美的外部环境，促进服务业集聚的发展。正如池仁勇（2005），胡晨光、程惠芳、俞斌（2011）等实证研究已证明地方政府在中国集群的形成和发展中具有不可替代的积极作用。因此基于以上分析，本章提出假设2。

假设2：政府干预越高的区域，服务业集聚程度越高。

（2）社会资本与政府干预在影响服务业集聚方面的替代作用。

这表现在两个方面，一方面是在服务业集聚过程中社会资本机制对政府政策机制的替代作用。林毅夫（2008）认为，发展中国家最重要的制度是政府政策，它能塑造其他制度和激励结构，并影响其他制度的质量。陆铭（2008）认为正式制度，如政府政策可以促进经济发展，而作为非正式制度的社会资本在正式制度缺乏时，是可以与正式制度互替的，两者共同促进企业增长。Choi等（1999）认为，在经济转型期，由于缺少良好的正式制度，导致企业间的交易成本十分昂贵，因此经济转型中的企业更倾向于求助于人际关系网络。

另一方面在服务产业集聚的生命周期内，社会资本与政府直接干预对服务业集聚的作用是此消彼长的。服务业往往因为偶然因素形成集聚，此时政府对其干预很少，企业会利用社会网络获得诸多优惠、合作机会；服务业集聚成长阶段，政府的规划和支持甚至成为能否集聚更多企业的关键因素，此时服务业集聚更多的依赖于政府干预；服务业成熟阶段，集聚区服务企业将以市场为导向，交易以及合同执行力度更依赖双方的信任、声誉；服务业衰退期，往往需要更多的政府干预，推动服务业转型升级。

总之，社会资本与政府制度可以相互弥补各自的不足。基于以上分析，本章提出假设3。

假设3：社会资本与政府干预对服务业集聚的影响相互替代。

5.2.2 模型、变量和数据

(1) 模型。

为检验上节提出的两个假说,我们设置如下2个基本计量模型:

模型二:

$$Clus = \alpha + \beta_1 Gov + \beta_2 Fina + \beta_3 GDP + \beta_4 HumC + \beta_5 Serv + \beta_6 HRway + \sum_{j=7}^{19} \beta_j Ind + \sum_{j=20}^{27} \beta_j Year + \varepsilon \quad (5.2)$$

模型三:

$$Clus = \alpha + \beta_1 Soc + \beta_2 Soc \times Gov + \beta_3 Soc^2 + \beta_4 Soc^2 \times Gov + \beta_5 Gov + \beta_6 Fina + \beta_7 GDP + \beta_8 HumC + \beta_9 Serv + \beta_{10} HRway + \sum_{j=11}^{23} \beta_j Ind + \sum_{j=24}^{31} \beta_j Year + \varepsilon \quad (5.3)$$

模型中各有关变量的定义见表5-1。

(2) 变量定义。

本节实证分析中的社会资本、服务业集聚以及其他控制变量与上一节相同。对于政府干预变量做以下解释。众位学者采用樊纲、王小鲁编制的中国各省（2001—2005年）市场化相对进程报告中的政府干预数据来衡量政府干预程度（黎凯、叶建芳，2005；孙铮、刘凤委、李增泉，2005；郝颖、刘星，2011；等），由于本章认为在研究服务业集聚时以城市数据为研究对象比以省级数据更适宜，因此本章借鉴潘红波、夏新平、余明桂（2008）的研究,以世界银行（2006）年对中国120个城市的调研中获得的"四家主要政府机构对企业的干预时间",即企业与政府打交道时间指标度量地方政府的干预水平。该指标数据越大,说明政府干预程度越高。

(3) 数据来源。

政府干预数据来源于世界银行2006年的调查报告《政府治理、投资环境及和谐社会——中国120个城市竞争力调查》。本章其他数据来源于2003—2010年《中国城市统计年鉴》。由于世界银行报告只涵盖中国120个城市,因此我们从研究样本中剔除了其他地区,以及一些数据缺失的样本。由于政府与企业打交道天数指标相对稳定,我们将2005年值近似看成其他年份的值。

4. 模型说明。

模型二用于检验中国各城市地方政府干预对服务业集聚的影响。依据本章假设预期,地方政府干预会显著影响当地服务业集聚程度,在政府干预较多的地区,服务业集聚程度较高;反之亦反。若假设成立,模型二中的 β_1 显著为正值。

模型三用于检验社会资本和政府干预对服务业集聚影响过程中的相互替代作用。依据本章假设预期,在政府干预较多的地区,社会资本对服务业集聚的影响会大大增加;反之亦反,即政府干预较多的地区其产业集聚能力对社会资本的依赖程度要显著低于政府干预较少的地区。若假设成立,则模型三中 Soc 社会资本的系数 β_1 依旧显著为正值,Soc^2 社会资本的系数 β_3 依旧显著为负值,交互相 $Soc \times Gov$ 的系数 β_2 则会显著为负值,交互项 $Soc^2 \times Gov$ 的系数 β_4 会显著正值,Gov 政府干预系数 β_5 依旧显著为正值,且 $\beta_1 > |\beta_2|$,$\beta_3 > |\beta_4|$。模型中最值得关注的是 β_2、β_4 系数。

5.2.3 研究结果

(1) 描述性统计。

①政府干预。

图5-5提供了政府干预(2005年)在中国120个地区的分布情况。从图上来看,以企业与政府打交道天数指标衡量的政府干预在各地区之间的波动较大。分地区来看,政府干预在中西部地区比东部地区波动更大。

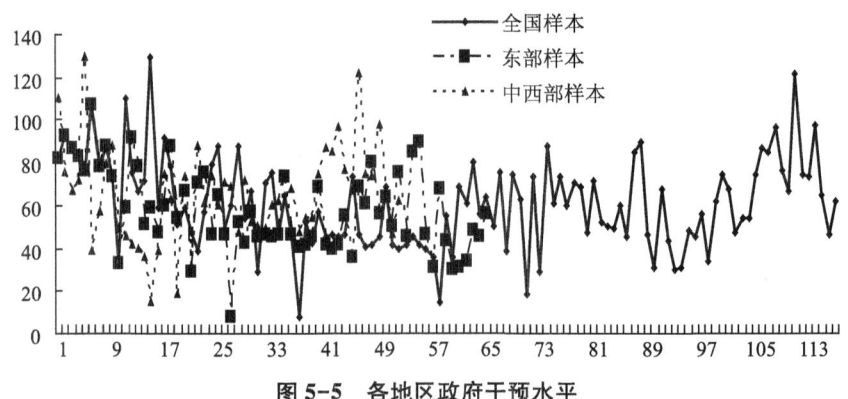

图 5-5　各地区政府干预水平

表 5-4 提供了各地区社会资本水平、政府干预以及服务业集聚的描述性统计结果。从各描述性统计量来看，社会资本、政府干预以及服务业集聚波动较大，在各地区之间存在显著差异；分区域来看，东部地区的社会资本、政府干预以及服务业集聚均值显著高于中西部区域各均值。

表 5-5 将社会资本（以地区人均电话拥有量指标衡量）和政府干预各自分为高低两组，得到集聚水平在这两组内的描述性统计结果。分析统计结果表明，全国样本中高社会资本、高政府干预地区的服务业集聚均值要显著高于低社会资本、低政府干预地区的服务业集聚均值，上述描述统计分析结果证实了本章的研究假设 1、假设 2。从东部与中西部地区比较来看，东部地区高社会资本、高政府干预地区的服务业集聚均值明显高于中西部地区高社会资本、高政府干预地区的服务业集聚均值；东部地区低社会资本、低政府干预地区的服务业集聚均值明显高于中西部地区低社会资本、低政府干预地区的服务业集聚均值，即东部服务业集聚均值要显著高于中西部地区服务业集聚均值。再一次初步证实了本章的研究假设 1、假设 2。

表 5-4 变量描述性统计（样本量=13131）

变量	全国样本				东部样本				中西部样本			
	平均值	标准差	最小值	最大值	平均值	标准差	最小值	最大值	平均值	标准差	最小值	最大值
Soc_pho	0.0066	0.0065	0.00052	0.0649	0.0083	0.0076	0.0012	0.0649	0.0047	0.0044	0.0005	0.043
Soc_net	0.0068	0.0119	1.8e-06	0.1236	0.0093	0.0154	1.8e-06	0.1236	0.0041	0.005	0.0002	0.036
GQI	60.762	21.386	8.1	129.8	59.059	19.682	8.1	106.8	62.585	22.935	14	129.8
Clus	0.0044	0.0060	0.0001	0.1193	0.0049	0.0069	0.00001	0.104	0.0038	0.0048	0.0000	0.119

表 5-5 被解释变量 Clus 描述性统计特征

全国	高 Soc	低 Soc	均值检验	高 Gov	低 Gov	均值检验
	0.00599	0.0036515	P=0.000	0.005224	0.0036905	p=0.000
东部	高 Soc	低 Soc	均值检验	高 Gov	低 Gov	均值检验
	0.00718	0.003822	P=0.000	0.006240	0.0037863	p=0.000
中西部	高 Soc	低 Soc	均值检验	高 Gov	低 Gov	均值检验
	0.00512	0.003372	p=0.013	0.004318	0.0034499	p=0.000

（2）回归结果分析。

①政府干预与服务业集聚的检验。

表5-6反映了政府干预和服务业集聚水平回归结果。在控制了财政支出、GDP、人力资本、服务产值、基础设施、行业和年份变量以后，全国层面的回归模型和分区域层面回归模型两个维度的研究均证明地区政府干预与地区服务业集聚水平显著正相关，政府干预系数 β_1 为正值，证明本章假设2。这说明在政府干预较高的地区，当地服务业集聚水平更高。

分区研究结果表明，在控制其他变量的情况下，政府干预每增加一个百分点，预测的服务业集聚水平在东部增加 0.0000223，在中西部增加 0.0000282。说明政府干预对中西部地区服务业集聚有更显著的影响。原因可能是中西部地区各城市社会资本比东部地区的更低，因此，在中西部地区服务业集聚比东部地区更依赖于政府干预，政府干预发挥的作用更大。

在控制变量方面，与模型一相比，模型二人力资本控制变量与服务业集聚不显著。这说明服务产业依赖于粗放式增长模式,知识存量对服务业集聚影响较小。本模型中的其他控制变量的影响与模型一基本一致。无论是全国还是分区域条件下,控制变量财政支出、服务业产值、人均道路面积与服务业集聚显著正相关,GDP 与服务业集聚显著负相关。

表 5-6　政府干预与服务业集聚水平回归结果

解释变量	全国样本	东部样本	中西部样本
cons	0.0063072*** (0.000)	0.0015989*** (0.000)	-0.0021626*** (0.000)
Gov	0.0000286*** (0.000)	0.0000223*** (0.000)	0.0000282*** (0.000)
Fina	0.064536*** (0.000)	0.0683367*** (0.000)	-0.1128557*** (0.000)
GDP	-0.5454938*** (0.000)	-0.5240069*** (0.000)	0.4060531*** (0.000)
HumC	0.0016791 (0.148)	-0.001164 (0.545)	-0.0019803 (0.158)
Serv	0.5619719*** (0.000)	0.5550749*** (0.148)	0.637551*** (0.000)
HRway	0.0002081*** (0.000)	0.0002388*** (0.000)	0.0002081*** (0.000)
Ind	Control	Control	Control
Year	Control	Control	Control
obs	13131	13131	13131
Adj-R^2	0.5569	0.5592	0.5717

注：***$p<0.01$,**$p<0.05$,*$p<0.1$,其中括号内为估计系数的 P 值。社会资本与政府干预的替代作用检验。

表 5-7 检验了地区政府干预是否影响我国各地区服务业集聚水平对社会资本的依赖程度,政府干预与社会资本在服务业集聚形成以及水平提高过程中是替代还是互补关系。

全国样本结果显示,无论是以人均电话衡量实证结论（1）,还是以互

联网衡量的实证结论（2），在控制了财政支出、GDP、人力资本、服务产值、基础设施、行业和年份变量以后，社会资本 Soc 回归系数 β_1 始终显著为正值，社会资本平方 Soc^2 的系数 β_3 始终显著为负值，交互项 $Soc \times Gov$ 的系数 β_2 始终显著为负值，交互项 $Soc^2 \times Gov$ 的系数 β_4 始终显著正值，Gov 政府干预系数 β_5 始终显著为正值，且 $\beta_1 > |\beta_2|$，$\beta_3 > |\beta_4|$，并通过显著性假设。这一结论支持本章的假设 3。这表明社会资本可以作为政府干预的替代机制提升服务业集聚水平。

分区研究结果显示，东部实证结论（1）中，社会资本 Soc 的回归系数 β_1 虽然为负值，但是没有通过显著性分析，社会资本 Soc 的回归系数 β_1 始终显著为正值，社会资本平方 Soc^2 的系数 β_3 始终显著为负值，交互项 $Soc \times Gov$ 的系数 β_2 始终显著为负值，交互项 $Soc^2 \times Gov$ 的系数 β_4 始终显著正值，且 $\beta_1 > |\beta_2|$，$\beta_3 > |\beta_4|$，并通过显著性假设。这表明，东部以人均电话拥有量衡量的社会资本指标回归模型证明社会资本与政府干预在服务业集聚过程中发挥替代作用，支持本章假设 3。东部实证结论（1）中，交互项 $Soc \times Gov$ 的系数 β_2 符号与假设不符合为正值，但没有通过显著性分析，社会资本 Soc 的回归系数 β_1 显著为正值，但也没有通过显著性分析。社会资本平方 Soc^2 的系数 β_3 始终显著为负值，交互项 $Soc^2 \times GQI$ 的系数 β_4 始终显著正值。通过显著性假设，且 $\beta_1 > |\beta_2|$，$\beta_3 > |\beta_4|$。因此，东部无论以人均电话还是以互联网衡量的社会资本指标，均基本支持本章假设 3。

表 5-7 社会资本与政府干预对服务业集聚水平促进作用的替代回归结果

解释变量	全国样本 (1)	全国样本 (2)	东部样本 (1)	东部样本 (2)	中西部样本 (1)	中西部样本 (2)
cons	0.0021184*** (0.000)	0.0020919*** (0.000)	0.004172*** (0.000)	0.002748*** (0.000)	-0.0018372*** (0.000)	-0.0027038*** (0.000)
Soc_pho	0.728005* (0.100)		-0.972979 (0.131)		-0.05494 (0.637)	
Soc_pho*Gov	-0.0003019 (0.631)		-0.0033042*** (0.000)		0.0020412 (0.161)	
Soc_pho^2	-14.53542*** (0.000)		-12.01102*** (0.000)		-1.173176 (0.837)	
Soc_pho^2*Gov	0.1794831*** (0.000)		0.128415*** (0.000)		-0.05045 (0.513)	
Soc_net		0.1013147*** (0.000)		0.0246515 (0.544)		0.5090845*** (0.000)
Soc_net*Gov		-0.0009176** (0.027)		0.0004476 (0.494)		-0.0012919 (0.205)
Soc_net^2		-6.652827*** (0.000)		-6.060795*** (0.000)		-24.82926*** (0.000)
Soc_net^2*Gov		0.0892827*** (0.000)		0.0766153*** (0.000)		0.1606173*** (0.000)
Gov	0.0000618*** (0.000)	0.0000213*** (0.000)	-0.0000238*** (0.000)	-561e-0.6 (0.273)	0.0000193*** (0.000)	0.000029*** (0.000)
Fina	0.0854511*** (0.000)	0.1323868*** (0.000)	0.0899558*** (0.000)	0.1483293*** (0.000)	-0.0767094*** (0.000)	-0.17848*** (0.000)
GDP	-0.4872533*** (0.000)	-0.5005276*** (0.000)	-0.4338935*** (0.000)	-0.4243561*** (0.000)	-0.4077667*** (0.000)	-0.403415*** (0.000)
HumC	0.0012565 (0.282)	0.0006914 (0.541)	-0.0002228 (0.865)	-0.0020145 (0.217)	0.0003428 (0.804)	-0.0001172 (0.637)
Serv	0.5038592** (0.000)	0.4832995*** (0.000)	0.4559565*** (0.000)	0.4243561*** (0.000)	0.6346687*** (0.000)	0.506047*** (0.000)

续表

解释变量	全国样本		东部样本		中西部样本	
	(1)	(2)	(1)	(2)	(1)	(2)
HRway	0..0002018*** (0.000)	0.0001873*** (0.000)	0.0002286*** (0.000)	0.0002091*** (0.000)	0.0001303*** (0.000)	0.0001272*** (0.000)
Ind	Control	Control	Control	Control	Control	Control
Year	Control	Control	Control	Control	Control	Control
obs	13131	13131	13131	13131	13131	13131
Adi-R²	0.5683	0.5804	0.5807	0.5999	0.5748	0.5823

注：1. 用人均电话拥有量指标衡量社会资本；
2. 用人均互联网指标衡量社会资本；＊＊＊p<0.01，＊＊p<0.05，＊p<0.1，其中刮号内为估计系数的P值。

在中西部实证结论（1）中，虽然各系数符号与假设不一致，但同样均没有通过显著性分析。在西部实证结论（2）中，社会资本 Soc 的回归系数 β_1 始终显著为正值，社会资本平方 Soc^2 的系数 β_3 始终显著为负值，交互项 $Soc \times Gov$ 的系数 β_2 始终显著为负值，交互项 $Soc^2 \times Gov$ 的系数 β_4 始终显著正值，Gov 政府干预系数 β_5 始终显著为正值，且 $\beta_1 > |\beta_2|$，$\beta_3 > |\beta_4|$，中西部以互联网衡量的社会资本指标回归模型实证表明社会资本与政府干预在对服务业集聚过程中发挥替代作用，结论亦支持本章假设3。

结论表明，在地区服务业集聚水平方面，社会资本与政府干预这两种影响机制为相互替代的，在政府干预较少的情况下，社会资本对服务业集聚影响显著，服务企业会通过政府以外的信任等机制来发挥作用。在政府干预较多的情况下，服务企业主要通过政府提供的服务来解决服务业集聚问题，因此会更多的依赖政府干预，较少或不考虑企业拥有的社会资本水平，这一结论支持本章的假设3。

本模型中的控制变量的影响与模型一和模型二基本一致。如表5-7所示。无论是全国还是分区域条件下，控制变量财政支出、服务业产值、人均道路面积与服务业集聚显著正相关，GDP与服务业集聚显著负相关。

图5-6显示的社会资本、政府干预以及服务业集聚三维图，较为清晰的表明了社会资本与政府干预在服务业集聚的替代关系。其中图5-6（a）

反映的是以人均电话拥有量衡量的社会资本与政府干预在服务业集聚中的关系。图5-6（b）反映的是以人均电话拥有量衡量的社会资本与政府干预在服务业集聚中的关系。无论是（a）还是（b）图均显示，政府干预对社会资本与服务业集聚的相关关系均有调节作用。

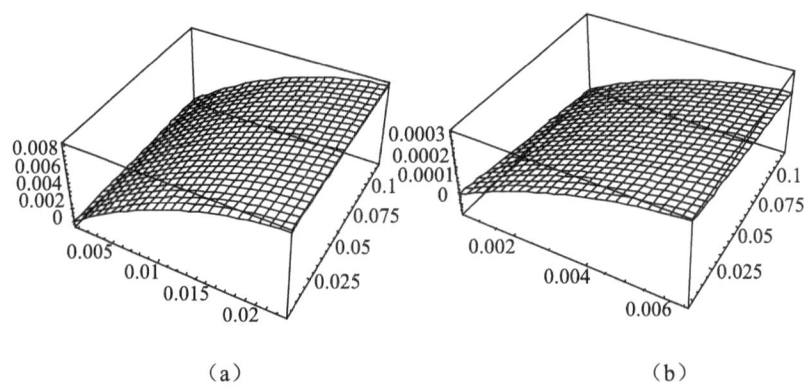

图5-6 社会资本、政府干预以及服务业集聚三维图

5.2.4 稳健性检验

解释变量政府干预 *Gov* 数据来源于世界银行2005年的数据，我们假设该数据比较稳定，为检验上述结论的稳健性，本章分别对涉及政府干预的回归模型分年度进行回归分析，发现上述主要结论在分年度回归分析中没有发生变化，限于篇幅，本章没有报告相关研究的结果列表，但测试结果证明研究结论是稳健的。

同样，由于社会资本与服务业集聚之间可能存在内生性问题，本章取滞后1期的社会资本为解释变量，进一步考察全国样本下社会资本与服务业产业集聚之间的相关性。表5-8中稳定性检验给出了对假设3的稳健性测试结果。同理，我们最主要看 β_2、β_4 系数。

表5-8 稳健性测试

解释变量	假设3 稳健性测试	
	(1)	(2)
cons	0.0027439*** (0.000)	0.0023025*** (0.000)
Soc_pho	0.0722369*** (0.118)	
Soc_pho^2*Gov	0.0000309 (0.961)	
Soc_pho^2	-10.95224*** (0.000)	
Soc_pho^2*Gov	0.1184642*** (0.000)	
Socl_net		-0.0310708 (0.340)
Soc_net*Gov		-0.0022216*** (0.000)
Soc_net^2		0.5879632 (0.441)
Soc_net^2*Gov		0.0310708** (0.015)
Gov	0.0000182*** (0.000)	0.0538528*** (0.000)
Fina	0.492412*** (0.000)	0.151716*** (0.000)
GDP	-0.5698475*** (0.000)	-0.6053994*** (0.000)
HumC	-0.0007294 (0.518)	-0;0013005 (0.243)
Serv	0.6002907*** (0.000)	0.5997185*** (0.000)

续表

解释变量	假设 3 稳健性测试	
	(1)	(2)
HRway	0.0002005＊＊＊ (0.000)	0.0001893＊＊＊ (0.000)
ind	Control	Control
year	Control	Control
obs	13131	13131
Adi-R^2	0.5857	0.5910

注：1. 用人均电话拥有量指标衡量社会资本；
2. 用人均互联网指标衡量社会资本＊＊＊p<0.01，＊＊p<0.05，＊p<0.1；刮号内为估计系数的 P 值。

对假设 3 的稳健性测试中，回归检测了滞后 1 期社会资本与政府干预对服务业集聚影响替代作用。在控制其他变量以后，在以电话衡量的社会资本实证结论（1）回归结果中显示，系数 β_2 虽然显示测试后符号与假设不一致，但没有通过显著性检验，其他系数符号与假设一致，且均通过显著性检验且 $\beta_1 > |\beta_2|$，$\beta_3 > |\beta_4|$；在以互联网衡量的社会资本实证结论（2）回归结果中显示系数 β_1 虽然显示测试后符号与假设不一致，但没有通过显著性检验，其他系数符号与假设一致且均通过显著性测试，即社会资本平方 Soc^2 的系数 β_3 始终显著为负值，交互项 $Soc \times Gov$ 的系数 β_2 始终显著为负值，交互项 $Soc^2 \times Gov$ 的系数 β_4 始终显著正值，Gov 政府干预系数 β_5 始终显著为正值，且 $\beta_1 > |\beta_2|$，$\beta_3 > |\beta_4|$。这一结论支持本章假设 3。进一步证明假设 3 成立，这说明社会资本对政府干预对服务业集聚影响的替代作用是稳健的。

5.3 基本结论以及政策意义

对服务业集聚测度发现各行业集聚度以及各区域间同行业集聚度存在差异，那么是什么原因造成集聚度的差异呢？通过社会资本、政府干预对服务业集聚影响的研究，可以为我们回答这个问题提供新的视野。本章基于 2013—2010 年共 120 个城市 14 个服务行业的数据，验证了中国各城市社会资本水平差异、政府干预差异对各地区服务业集聚的影响机理。为了更清楚地了解社会资本、政府干预对服务业集聚过程中的作用，本章还将 120 个城市分为东部和西部 2 个样本区域，考察了全国以及地区分组基础上社会资本水平对服务业集聚程度的影响，全国以及地区分组基础上政府干预对服务业集聚影响，并进一步考察了全国以及地区分组基础上社会资本与政府干预对服务业集聚替代作用的影响。本章主要研究结论如下：

（1）在控制其他影响服务业集聚的因素之后，社会资本对地区服务业集聚水平产生了显著的"倒 U"型影响，政府干预对地区服务业集聚水平产生了显著的正向影响。

（2）在控制其他影响服务业集聚的因素之后，社会资本与政府干预在影响服务业集聚方面可相互替代：在政府干预较少的地区，社会资本会显著影响服务业集聚水平；在政府干预较多的地区，服务业集聚对社会资本的依赖程度会降低。

（3）东部地区比中西地区有更高的社会资本水平、更多的政府干预，因此服务业集聚水平更高，且本章研究结论证明中西部地区比东部地区更早达到拐点值，即中西部地区拐点值显示的最高集聚度比东部地区要低很多。

研究表明，除了需要从政府干预等宏观调控方面来发展服务业集聚，还需要重视地区适度的社会资本培养和建设。政策含义：一是以人均电话拥有量和互联网衡量的社会资本对城市服务业集聚具有显著的促进作用，因此需要发展互联网和通讯设施，提高地区社会资本水平。二是增加中西部社会资本，延长集聚效应，避免中西地区进入"梅佐乔诺陷阱"[①]，过早出现集聚拥挤现象，缩小中西部与东部地区差异。三是为了防止锁定，适度社会资本才有利于服务业集聚。

---

① 梅佐乔诺在意大利语中是"正午阳光"的意思，泛指意大利南部地区。意大利是发达国家中很少见的一个长期保持南方和北方巨大地区差距的国家。因此，经济学家乐于把意大利南部"梅佐乔诺"当做一个研究地区差距和趋同的案例。

小启示：控制变量 HumC 检验结果显示，当前服务产业以粗放式发展为主，因此要加速服务产业转型升级；开放性、全球性网络社会资本是防止未来服务业集聚锁定的好方法。

6 服务业集聚区发展阶段：社会资本对区内企业绩效的影响

众多研究表明社会资本，服务业集聚是影响服务业集群企业绩效的重要因素（Asheim，2002；Hauser，2007；等），但对于社会资本、集聚度促进企业绩效的机理，迄今为止还没有得到一致性的结论。虽然学者认为吸收能力在社会资本与服务业集群企业绩效之间起中介作用（王国顺，2011），通过社会资本集聚区内企业有效吸收知识或者信息，可极大促进企业业绩改善。本书作者认为，服务业集群内企业往往有集群外企业更多的社会资本拥有量，并且集群内服务业竞争更为激烈，知识溢出现象更为普遍，因此研究高度竞争条件下集聚区内企业利用社会资本消化、吸收知识进而促进企业生存及快速发展具有重要意义。本章拟以广东为主的129家服务企业为调查对象，实证研究社会资本如何通过吸收能力影响集聚区内企业绩效。这将弥补及进一步完善相关理论研究。

本章分为四部分，第一部分介绍本章相关概念及模型构建；第二部分介绍研究方法；第三部分介绍研究结果；第四部分为结论和讨论。

6.1 概念与模型构建

6.1.1 变量界定

（1）社会资本分类。

企业拥有企业内员工关系、部门关系，企业外政治资源关系、商业同盟关系、社区关系等，这些关系对企业的作用可能因联系的强度、企业的网络位置、网络密度以及距离路径等迥异。依据企业在与市场与企业两种制度安排中交往的关系人不同,将社会资本分为两类:外部社会资本和内部社会资本。

前者即桥梁式社会资本,是指"通过企业与外部组织、人员之间建立在信任和规范基础上的相互联系组成的外部关系网络及依靠该网络可利用的实际或潜在的资源"(NahaPiet,1998)。这些外部联系在服务企业主要包括与服务企业利益相关者之间的联系。

后者即关系结合式的社会资本,是"通过企业内部各部门、员工之间建立在信任和规范基础上的相互联系组成的内部关系网络及依靠该网络可利用的实际或潜在的资源"(NahaPiet,1998)。这些内部联系在服务企业内主要包括子公司与母公司,子公司与子公司,销售、服务、研发、售后等部门之间的联系以及子母公司或者部门内及之间成员之间的联系。内部社会资本可促进组织间资源、信息的交换,还可增强各部门间以及企业的凝聚力。

(2)集聚度及其特点。

集聚度是指服务产业在空间布局上的集中程度及强度。服务业集聚度差异是区域经济发展差距的重要因素。集聚度越高,区域内相关企业数量越多,企业间的关联度越高。服务业集聚度取决于集聚力(集聚经济)和反集聚力(集聚不经济)两个相反作用大小的影响。即产业集聚度存在一个临界值。在临界值前,服务业空间集聚会给企业带来规模经济和集聚经济,集聚度与企业发展之间呈现显著正相关。临界值后,服务产业集聚会产生市场拥挤效应,导致集聚不经济,集聚度会因为产业的扩撒而降低。目前世界各国典型区域集聚度未达临界值。如 Crozet 和 Koenig(2007)对欧盟 1980—2000 年的研究表明空间集聚促进了经济增长,生产活动的内部空间分布越不均匀的地区增长越快。

(3)吸收能力。

吸收能力是企业识别、内部化外部信息的能力(Cohen 和 Levinthal,1990),包括潜在吸收能力和实现吸收能力。Zahra 和 George(2002)认为企业从知识存量中创造价值能力的高低取决于企业利用知识能力的高低，并将吸收能力分为知识获取、知识同化、知识转化和知识利用4个阶段。

（4）企业绩效。

从现有文献来看，学者认为诸多因素对服务企业绩效发挥着重要作用，大致可将诸因素分为两类：一种是外生论，即企业绩效主要取决于企业所处环境的差异；另一种是内生论，即企业绩效由企业内部的资源和能力所决定。本章认为企业绩效差异可归结于两类因素共同合力的结果，在本章中分别提炼为集聚环境以及企业拥有的社会资本两要素。服务企业绩效的衡量标准不存在唯一性。如 Cooper 和 Kleischmidt（1995）提出了财务绩效、机会窗口、市场影响等指标。

6.1.2 模型与假设

（1）社会资本与集聚度。

一方面，越来越多的文献（Saxenian，1985；帕特南，1993 等）证明社会资本对服务产业集聚的重要作用；另一方面，学者（RolfStein，2002）等普遍认为，服务集聚区拥有更丰富的社会资本，总之，集聚度与社会资本存在共生关系，两者相互影响。

但内部社会资本与外部资本对集聚度的具体作用到目前为止还没有定论。本章认为，集聚促进企业外部社会资本存量的增加，外部社会资本促进区域集聚度的提升，集聚度与企业内部社会资本无显著正相关。第一，大量服务企业在空间上的集聚有助于企业间信任关系的建立，增加企业外部社会资本存量。第二，Iyer（2005）等指出企业外部丰富的社会资本能产生类似公共产品的较强的网络外部效应，对于集群起着重要促进作用，因此外部社会资本与集聚有显著共生关系。第三，服务业集群的本质是介于市场与科层组织之间的中间组织，其存在可以有效弥补企业科层与纯粹市场间的空隙。内部社会资本属于科层组织内的资源，其建立以及保持往往取决于企业组织结构以及情感信任等，属于微观层面，因此与中观层面的集聚度无显著相关性。

当然企业必须建立既包括内部社会资本又包括外部社会资本的平衡的网络关系，否则企业将无法生存。一般来说，企业部门、成员间的良好沟通，情感的相互信任以及企业共同愿景（内部社会资本），会给企业带来声誉（外部社会资本），并在企业员工间形成强大的凝聚力促进员工更加积极主动的和外部关系进行沟通和联系以实现企业经营目标。反之，企业在区域内的良好声誉会给企业员工带来强烈的归属感与荣誉感，强化员工对企业的价值观和使命感，因此内部社会资本与外部社会资本并不是相互限制的关系，而是有显著共生关系，两者相互促进。

基于上述讨论，本研究有如下假设。

H1a：集聚度与内部社会资本无显著共生关系；集聚度与外部社会资本有显著共生关系。

H1b：内部社会资本与外部社会资本有显著共生相关。

（2）集聚度与吸收能力。

企业新获得的知识有两种来源：一是从企业外部获得的，取决于企业的潜在吸收能力；二是企业内部创造或改进的，取决于企业的实现吸收能力。其中前者是后者的前提条件，两者缺一不可，企业必须同时进行这两种吸收过程，才能保障企业对外部获得的知识的成功应用，潜在吸收能力促进实现吸收能力；而实现吸收能力对潜在吸收能力则促进作用不大，企业直接将企业创造或者改进的新知识进行转化和整合，无须经过潜在吸收能力阶段。由于本章研究对象为集群，企业引进、模仿新的知识比企业重新创造知识更为便利、成本更低，且中国目前多数服务业自我创新能力不够，因此，假设企业通常要经过潜在吸收以及实现吸收两个阶段，则潜在吸收能力会对实现吸收能力产生正向影响。

集群的效率要远远大于单个个体的效率之和（马歇尔，1960），生产性服务企业只有在地理上集聚，才能扩大自身吸收溢出知识的能力（Zellner，2003；Malmberg 和 Maskell，2002；等），即学术界对集聚能增加企业吸收能力意见一致，但集聚对企业潜在吸收能力和实现吸收能力的具体影响研究者不多。作者认为，服务业集聚于某一区域，影响的是企业生存的外部环境，包括外溢的知识、信息、管理等，对企业内部经营管理等无直接影响。因此，集聚与企业潜在吸收能力显著正相关，但集聚与企业实现吸收能力无显著正相关。

基于上述讨论，本研究有如下假设。

H2a：潜在吸收能力与实现吸收能力正相关。

H2b：集聚度与企业实现吸收能力无显著正相关关系；集聚度与企业潜在吸收能力正相关。

（3）社会资本与吸收能力。

潜在吸收能力获取的知识来源于企业外部，其高低不仅取决于企业付出的努力、信息的透明性，更取决于企业通过外部社会资本获取相关知识的数量以及质量，因此企业外部社会资本显著促进企业潜在吸收能力，而实现吸收能力不仅取决于将从企业外部吸收的新知识在企业内整合和分享的效率因子（徐乾，2009），也取决于通过外部联系获取的知识流量，因此外部社会资本还会显著促进企业实际吸收能力；而实现吸收能力重点在于知识在企业内部的整合和利用，其高低取决于对获得的知识在企业内各部门以及个人间传播的速度与效率。因此企业会构建有效的过程与机制促进知识通过正式或非正式制度在企业内传播、整合及融合，其中社会资本是较有效的非正式制度，一方面能显著有效促进企业员工以及部门间的互动，提高了知识共享、整合以及交换的频率。如 Vithessonthi（2008）认为企业内部部门、员工间知识的扩散以及共享取决于他们之间的网络关系，另一方面，信任、共同愿景等是社会资本资本的重要构件，信任、共同愿景等会促使企业内成员为实现一个共同目标而奋斗，因此内部社会资本显著促进企业实现吸收能力。

基于上述讨论，本研究有如下假设。

H3a：内部社会资本与企业实现吸收能力显著正相关，内部社会资本与企业潜在吸收能力无显著正相关。

H3b：外部社会资本与企业潜在吸收能力显著正相关；外部社会资本与企业实现吸收能力显著正相关。

(4) 吸收能力与集聚区企业绩效。

从企业外部以及内部吸收的知识，均通过3种方式提升企业绩效：一是增加企业的知识深度和广度，让企业产生新的想法，提升企业创新绩效。如 Moorman（1999）指出外部信息（知识）可以促使企业有效地调动他们的服务产品技术能力和营销能力，以提高相关新服务产品开发活动的水平和速度。二是能提高企业对资产的使用度，快速增加服务的多样化品种以及质量，降低服务成本，提升企业财务绩效。三是能让企业更好地理解顾客的需求，提高解决问题的效率，增加企业的市场占有份额，提升企业的市场绩效。

基于上述讨论，本研究有如下假设。

H4a：潜在吸收能力与集聚区企业创新绩效正相关；潜在吸收能力与集聚区企业市场绩效正相关；潜在吸收能力与集聚区企业财务绩效正相关。

H4b：实现吸收能力与集聚区企业创新绩效正相关；实现吸收能力与集聚区企业市场绩效正相关；实现吸收能力与集聚区企业财务绩效正相关。

(5) 吸收能力对集聚区社会资本与企业绩效关系的调节影响。

集聚环境外溢的知识以及企业拥有的社会资本需要企业吸收运用才能转换为企业绩效。

从社会资本角度来看，韦影（2005）将吸收能力作为社会资本与企业绩效的中介变量，研究证实社会资本通过影响吸收能力进而进一步影响企业绩效绩效。Tsai 和 Ghoshal（1998）指出社会资本对企业销售增长，员工的忠诚度、获取技术信息具有正向影响，因而能够提高企业经济效益。饶扬德（2005）、刘苹等（2010）指出企业内部社会资本和外部社会资本对提高企业绩效方面发挥的作用不同，内部社会资本可以提高企业凝聚力和决策质量，有利于知识在员工间流动与共享，外部社会资本则有利于企业获取市场信息、增强企业对外影响力。段海艳（2009）通过对上海和广东314家上市公司的实证研究发现关系网络对企业汲取稀缺资源和提高经营绩效有显著的正向影响。

从集聚来看，王缉慈（2007）集聚企业能够从集聚区内吸纳更多知识，具有超强的吸收能力是集聚区内企业最重要的竞争优势。Naresh、Gary 和 Swann（2001），Dipasquale 和 Wheston（2004）等认为服务业集聚可以享受 4 个方面的好处，从而提升企业业绩：一是人力资源"蓄水池"；二是信息交流、商务往来的快速性，合作的便利性和业务的互补性；三是获得前向以及后向联系的机会；四是降低不确定性与风险。Porter（1998）指出集群通过提高集群内企业或产业的静态生产率从而提高企业竞争力。BrettAnitra Gilbert et. al.（2008）研究发现，集群内的企业往往具有更强的学习和吸收能力，因此有更快的发展速度和更好的创新绩效。

基于上述讨论，本研究有如下假设。

H5a：在吸收能力调节下，集聚度与集聚企业创新绩效正相关，集聚度与集聚企业市场绩效正相关，集聚度与集聚企业财务绩效正相关。

H5b：在吸收能力调节下，社会资本与集聚企业创新绩效正相关，社会资本与集聚企业市场绩效正相关，社会资本与集聚企业财务绩效市场正相关。

6.2 研究方法

6.2.1 样本与数据来源

为了验证假设，本章问卷调研收集了以广东省为主的餐饮、房地产、批发与零售、信息传输、计算机服务业和软件业、娱乐、教育以及金融等集群服务企业共 250 家的横截面数据，时间为 2013 年 10 月至 2014 年 3 月。发放问卷的方式：一是委托高校老师在课堂上向 MBA 学员发放问卷；二是委托同学、亲戚和朋友关系自行发放问卷，并要求问卷由企业高层填写，以确保答卷者对本研究所要调查的问题是全面了解的。选择广东省服务集聚企业为主要抽样样本主要考虑两个因素：一是广东省服务业较发达，服务业集聚度高；二是资料的可获得性，作者一直在广东学习、工作，因此更容易获得广东服务业集聚企业相关资料。本问卷共发放260份（其中10份为试调研问卷，250份为修订后的问卷，后期数据不包括10份试调研问卷），回收150份，问卷回收率达到56.7%。在回收的问卷中，有效问卷129份。样本企业的基本特征如表6-1所示。

表6-1 调查问卷企业情况描述

企业特征	样本数	百分比（%）	企业特征	样本数	百分比（%）
企业人数：			所在地区：		
小于10万元	15	11.63	广州	49	37.98
10万~50万元	29	22.48	深圳	28	21.70
51万~100万元	18	13.95	东莞	8	6.20
101万~500万元	26	20.16	佛山	4	3.10
501万~1000万元	8	6.20	广东其他地区	22	17.05
大于1000万元	35	27.13	其他省份	18	13.95
企业年限：			企业产权：		
3年以下	21	16.28	国有独资	12	9.3
4~5年	17	13.18	三资	9	6.98
6~10年	34	26.36	民营	74	57.36
11~20年	25	19.38	国有参股	13	10.08
20年以上	30	23.26	其他	21	16.28
企业资产总额：			企业上年销售额：		
<100万元	23	17.83	<100万元	12	9.30
100万~500万元	22	17.05	100万~300万元	20	15.50
500万~1000万元	18	13.95	300万~1000万元	24	18.60
1000万~4000万元	14	10.85	1000万~3亿元	29	22.48
4000万~4亿元	18	13.95	3亿~10亿元	13	10.08
4亿元及以上	34	26.36	10亿元及以上	29	22.48

注：问卷见第172页"问卷调查"。

6.2.2 变量测量

调查问卷题项均以Likert7级量表来衡量，取值为1（非常不同意）至7（非常同意），为确保测量的效度与信度，多采用已证明有效的题项，如

表5-3所示。

(1) 社会资本。

本章借鉴 Atuahene – Gima 和 Murray（2007）以及 Tsai 和 Ghosha（1998）开发的量表，采用3个题项测量内部社会资本：与同行业其他企业相比，本企业各职能部门以及员工间的联系更频繁（A1），与同行业其他企业相比，本企业各职能部门以及员工之间更愿意互相信任（A2），与同行业其他企业相比，本企业各职能部门以及员工之间设立了更畅通、有效的沟通机制和平台（A3）；借鉴 Gupta 和 Govindarajan（2000）、张方华（2004）等开发的量表，采用3个题项测量外部社会资本：与同行业其他企业相比，本企业与企业外网络成员的联系更频繁（B1），与同行业其他企业相比，本企业的外部网络成员的数量更多（B2），与同行业其他企业相比，企业与外部网络成员间联系花费的时间更长（B3）。

(2) 吸收能力。

在 Jansen（2005）等的基础上开发了3个题项测量潜在吸收能力：与同行业其他企业相比，本企业搜寻外部相关知识的能力比较强（C1），与同行业其他企业相比，本企业能很好识别外部知识的用途（C2），与同行业其他企业相比，本企业具有较强的引进外部相关知识的能力（C3）；在整合 Mariano 和 Pilar（2005）和 Nahapie（1998）等的基础上，采用3个题项测量实现吸收能力：与同行业其他企业相比，本企业员工经常在不同部门之间轮换工作（D1），与同行业其他企业相比，本企业员工经常交流新技术（D2），与同行业其他企业相比，本企业对于企业外部相关知识具有较强的整理和分类能力（D3）

(3) 集聚度。

参考张世勋（2002），谢洪明和刘少川（2007），谢洪明、王现彪和吴溯（2008），郑海涛（2011）等的研究，用3个题项测量服务业集聚度：在本公司周围，有大量的提供相似服务以及互补服务的企业存在（E1），与本公司来往的客户、供应商及其他企业绝大部分与本公司分布在同一个区域内（E2），与本公司来往的银行、技术中介组织、政府部门、科研院所、高校、行业协会绝大部分与本公司分布在同一个区域内（E3）。

（4）企业绩效。

本章采用较成熟的财务绩效、市场绩效以及创新绩效 3 个指标来衡量企业绩效，目前 3 个指标均有较完善的绩效量表。参考 Jeffrey 和 Dennis（1998）、Kraatz 和 Bresser（2000）、Wiklund 和 Shepherd（2003）开发的量表，采用 3 个题项来测量样本企业创新绩效：相对于行业平均水平，近两年本企业新服务的开发速度更快（F1），相对于行业平均水平，近两年本企业新服务的开发数量更多（F2），相对于行业平均水平，近两年企业新产品销售增长率较高（F3）；采用 3 个题项来测量样本企业市场绩效：与其他企业相比，企业更能以顾客为导向设计，生产和提供服务产品（G1），相对于行业平均水平，近两年本企业市场份额较高（G2），相对于行业平均水平，近两年本企业市场份额增长率较高（G3）；采用 3 个题项来测量样本企业财务绩效：相对于行业平均水平，近两年本企业的销售利润更高（H1），相对于行业平均水平，近两年本企业的销售收入增长更快（H2），相对行业平均水平，近两年本企业资本回报率较高（H3）。

6.2.3 研究方法

对回收的有效问卷采用统计软件 SPSS22.0 及 AMOS22.0 进行分析。统计分析主要包括对所有测量变量进行探索式因子分析（EFA）、相关分析，以及用结构方程建模来进行验证式因子分析（CFA）。首先通过探索式分析，评估测量变量的适当性和充分性，然后通过相关分析，分析各变量的相关性，最后采用验证分析，判断本研究观察数据与测量模型的契合度，即观察数据与假设模型的适配性。

6.3 研究结果

6.3.1 测量模型的评价

以 KMO、Barlett 球体检验的 γ^2 值测试样本是否适合做因子分析。表 6-2 表明,社会资本、吸收能力指标、集聚度指标以及集聚绩效指标均很适合做因子分析。表 6-3 中,旋转后的因子载荷值均超过可接受水平 0.5,说明萃取变量达到理想标准。问卷共形成 8 个主因子,分别为内部社会资本、外部社会资本、潜在吸收能力、实现吸收能力、集聚度、财务绩效、创新绩效以及市场绩效因子。

表 6-2 KMO 测试系数以及 Barlett 球形检验

指 标	KMO	Barlett 球体检验, df, sig	适合做因子分析的标准或临界值
社会资本指标	0.785	431.326, 15, 0.000	KMO>0.9 非常适合,0.8~0.9 很适合,0.7~0.8 适合;sig 为 0.000,很适合
吸收能力指标	0.751	566.803, 15, 0.000	
集聚度指标	0.731	243.918, 3, 0.000	
集聚绩效指标	0.874	787.579, 36, 0.000	

各变量 Cronbach's Alpha 均大于可接受水平 0.7（Cronbach's,1951）,显示了高度的内部一致性信度且内部结构良好。表 6-3 中,第一主成分的方差贡献率均大于可接受水平 40%（易丹辉,2008）,显示问卷有良好的结构效度。同理,社会资本、集聚度、吸收能力以及集聚绩效变量累计解释总体方差变异均超过可接受水平 70%,说明问卷有良好的建构效度。

表 6-4 为潜变量的皮尔逊性关系系数。表 6-4 显示,除市场绩效绩效与潜在吸收能力、潜在吸收能力与实现吸收能力、集聚度与市场绩效的相关性不显著外,假设模型基本成立,问卷有很高的结构效度。

6.3.2 结构模型以及假设验证

本章采用 AMOS22.0 对结构方程模型进行数据分析并验证假设。AMOS 分析表明，样本数据的偏度小于可接受水平 2，峰度小于可接受水平 5，本研究模型的变量服从正态分布，因此结构模型适合最大似然法（ML）分析。初始模型假定所有误差项均不相关，AMOS 运行拟合效果并不理想，各项拟合指标值如表6-5所示。其中整体模型适配度统计量 X2 = 398.788，显著性概率值 P = 0.000<0.05，达到显著性水平，拒绝虚无假设。拟合指标中，RMR = 0.143，AGFI = 0.744，NFI = 0.843，RFI = 0.816，则表示假设模型与样本数据无法适配。表6-6为初始模型的路径系数与假设检验结果，从表6-6中看出，16条路径中5条路径不支持研究结果，1条路径不能拒绝原假设，这说明模型有待进一步修正。

表6-3 旋转后的因子负载值

变量	因子	指标	因素荷重			Cronbach's Alpha
			1	2	3	
社会资本	内部社会资本	企业内员工部门间的联系频率（A1）	0.875	0.141		0.884
		企业内员工部门间的相互信任（A2）	0.907	0.203		
		企业内的沟通机制与平台（A3）	0.85	0.268		
	外部社会资本	与外部联系的频率（B1）	0.214	0.856		0.864
		企业外部网络数量（B2）	0.14	0.859		
		企业与外部联系的时间（B3）	0.245	0.876		
		第一主成分方差贡献率57.639%，累计解释总体方差变异80.141%。				
吸收能力	潜在吸收能力	企业搜寻外部知识能力（C1）	0.933	0.059		0.927
		企业识别外部知识能力C2	0.937	0.12		
		企业引进外部知识的能力（C3）	0.926	0.015		
	实现吸收能力	企业施行不同部门轮换工作制（D1）	0.195	0.894		0.903
		员工经常交流新技术（D2）	0.045	0.938		
		员工对知识的整理分辨能力（D3）	-0.037	0.906		
		第一主成分方差贡献率49.213%，累计解释总体方差变异86.118%。				

续表

变量	因子	指标	因素荷重			Cronbach's Alpha
			1	2	3	
集聚度	集聚度	周围有大量相似或互补企业（E1）	0.88			0.896
		在同一区有大量的客户供应商等（E2）	0.823			
		在同一区有大量学校，政府等（E3）	0.798			
		累计解释总体方差变异 83.368%。				
集聚绩效	创新绩效	新服务的开发速度（F1）	0.517	0.364	0.64	0.866
		新服务的开发数量（F2）	0.294	0.262	0.809	
		新服务的销售增长率（F3）	0.334	0.352	0.742	
	市场绩效	以顾客为主，设计并提供服务（G1）	0.166	0.845	0.27	0.883
		占有市场份额的大小（G2）	0.086	0.881	0.275	
		占有市场份额增长率的速度（G3）	0.114	0.858	0.165	
	财务绩效	销售利润率的高低（H1）	0.903	0.061	0.228	0.885
		销售收入增长速度（H2）	0.843	0.172	0.281	
		资本回报率的高低（H3）	0.829	0.121	0.242	
		第一主成分方差贡献率 56.4%，累计解释总体方差变异 81.878%。				

注：因集聚度指标提取一个因子，因子负载值为非旋转萃取值。

表 6-4 因子的皮尔逊相关系数

因子	内部社会资本	外部社会资本	集聚度	潜在吸收能力	实现吸收能力	创新绩效	财务绩效	市场绩效
内部社会资本	1							
外部社会资本	0.440**	1						
集聚度	0.117	0.206**	1					
潜在吸收能力	0.112	0.206**	0.282**	1				
实现吸收能力	0.593**	0.508**	0.166	0.143	1			
创新绩效	0.462**	0.463**	0.123*	0.231**	0.645**	1		
财务绩效	0.284**	0.221**	0.128*	0.223**	0.390**	0.680**	1	
市场绩效	0.476**	0.509**	0.188	0.076	0.618**	0.623**	0.326**	1

注：*$p<0.05$，**$p<0.01$，***$p<0.001$。

表 6-5 模型拟合指标

拟合指标	初始模型指标值	调整后模型指标值	判断准则
绝对适配度指标：			
X^2	398.788（P=0.000）	225.248（P=0.427）	X^2越小越好，P>0.05，良好
X^2/df	1.69	1.015	<2，良好
RMR	0.148	0.085≈0.08	<0.08，尚可
RMSEA	0.073	0.011	介于0.05~0.1，可接受；小于0.05，良好
GFI	0.799	0.880≈0.9	>0.9，尚可
AGFI	0.744	0.858≈0.9	>0.9，尚可
增值适配度指标：			
NFI	0.843	0.911	>0.9，接受
RFI	0.816	0.890≈0.9	>0.9，尚可
IFI	0.929	0.999	>0.9，接受
TLI	0.916	0.998	>0.9，接受
CFI	0.928	0.999	>0.9，接受
简约适配度指标：			
PGFI	0.629	0.651	>0.5，接受
PNFI	0.722	0.733	>0.5，接受
PCFI	0.794	0.803	>0.5，接受
AIC	526.788<600 526.788<2588.9	381.248<600 381.24<2588.9	理论模型值小于独立模型值，且同时小于饱和模型值
CAIC	773.816<1757.94 773.816<2681.6	682.313<1757.94 682.<2681.6	理论模型值小于独立模型值，且同时小于饱和模型值

表 6-6 初始模型的路径系数与假设检验结果

路径	变量之间的关系	路径系数	CR 值	对应假设	检验结果
1	内部社会资本↔集聚度	0.141	1.038	H1a	支持
2	内部社会资本↔外部社会资本	0.762	4.367	H1b	支持
3	集聚度↔外部社会资本	0.265	1.853	H1a	不支持

续表

路径	变量之间的关系	路径系数	CR 值	对应假设	检验结果
4	潜在吸收能力←内部社会资本	0.037	0.288	H3a	支持
5	潜在吸收能力←外部社会资本	0.190	1.469	H3b	不支持
6	潜在吸收能力←集聚度	0.333*	2.855	H2b	支持
7	实现吸收能力←外部社会资本	0.335***	3.732	H3b	支持
8	实现吸收能力←内部社会资本	0.472***	5.049	H3a	支持
9	实现吸收能力←集聚度	0.060	0.749	H2b	支持
10	实现吸收能力←潜在吸收能力	0.018	0.269	H2a	不支持
11	创新绩效←实现吸收能力	0.805***	8.809	H4a	支持
12	市场绩效←实现吸收能力	0.739***	8.558	H4a	支持
13	财务绩效←实现吸收能力	0.479***	5.125	H4a	支持
14	财务绩效←潜在吸收能力	0.143	1.891	H4b	不支持
15	创新绩效←潜在吸收能力	0.112	1.740	H4b	不支持
16	市场绩效←潜在吸收能力	-0.033	-0.534	H4a	

注：1. *p<0.05，**p<0.01，***p<0.001；
2. 路径系数为非标准化回归系数值。

6.3.3 结构模型的修订和确定

初始模型拟合效果不好，部分原因为样本量未达到观察变量数目的 10~15 倍（即为 240~340 的样本量），部分原因为模型出现叙列误差，需要修正。本章参考 AMOS 提供的修正指标（MI）数据判别修正。MI 指标类别包括协方差、方差以及回归系数项，其中在初始结构模型中 MI 显示无须再修正方差，增列回归系数修正不符合理论假设，因此本章对较大的协方差修订指标进行修订。首先将各修订指标以及期望参数改变量进行降序排列（修订指标较大，期望参数改变量较大，修订更有意义），一次修改一个参数，将误差项由固定参数改为自由参数，增加误差项的共变关系，并观察模型的变化效果，直到最终调整到模型的最优状态。表 6-5 中右部分显示调整后模型拟合指标值。表 6-7 显示的是调整后模型的路径系数与假设检验结果。

表 6-7 调整后模型的路径系数与假设检验结果

路径	变量之间的关系	路径系数	CR 值	对应假设	检验结果
1	内部社会资本↔集聚度	0.133	1.102	H1a	支持
2	内部社会资本↔外部社会资本	0.717***	4.484	H1b	支持
3	集聚度↔外部社会资本	0.311*	2.389	H1a	支持
4	潜在吸收能力←内部社会资本	0.033	0.263	H3a	支持
5	潜在吸收能力←外部社会资本	0.260*	2.054	H3b	支持
6	潜在吸收能力←集聚度	0.298*	2.524	H2b	支持
7	实现吸收能力←外部社会资本	0.363***	3.910	H3b	支持
8	实现吸收能力←内部社会资本	0.475***	5.068	H3a	支持
9	实现吸收能力←集聚度	0.023	0.261	H2b	支持
10	实现吸收能力←潜在吸收能力	-0.041	-.605	H2a	
11	创新绩效←实现吸收能力	0.745***	8.372	H4a	支持
12	市场绩效←实现吸收能力	0.675***	8.087	H4a	支持
13	财务绩效←实现吸收能力	0.425***	4.497	H4a	支持
14	财务绩效←潜在吸收能力	0.200**	2.614	H4b	支持
15	创新绩效←潜在吸收能力	0.171**	2.574	H4b	支持
16	市场绩效←潜在吸收能力	0.027	0.439	H4a	不支持

注：1. *p<0.05，**p<0.01，***p<0.001；
2. 路径系数为非标准化回归系数值。

从表 6-5 来看，调整后整体模型适配度统计量 $X^2 = 225.248$，显著性概率值 $P = 0.427 > 0.05$，接受虚无假设，表明样本数据的协方差矩阵和模型隐含的协方差矩阵相等的假设获得支持。调整后的拟合指标，包括所有绝对适配度指标、增值适配度指标以及简约适配度指标均达到或者超过适配标准，这表明适配度较高。表 6-7 中，调整后模型的路径系数与假设检验结果表明，除了市场绩效与潜在吸收能力路径不支持假设，潜在吸收能力与实现吸收能力不能显著证明其路径系数为负值外，其他 14 条路径均达到显著水平，支持原假设。

图 6-1 显示调整后结构模型输出路径图，其路径系数为标准化回归系数值。

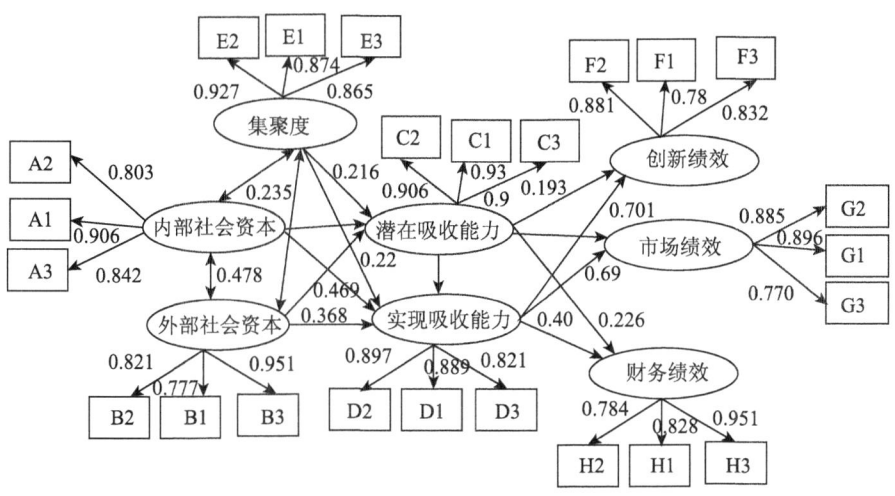

图 6-1　结构模型路径输出图

6.3.4　因子作用分析结果

表 6-8　路径系数、结构方程以及假设检验

路径：影响系数	结构方程	对应假设及检验
企业内社会资本—实现吸收能力—财务绩效：0.1876	潜在吸收能力 = 0.216×集聚度 + 0.22×外部社会资本	H3b, H2b 支持
企业内社会资本—实现吸收能力—市场绩效：0.3236	实现吸收能力 = 0.469×内部社会资本 + 0.368×企业外社会资本	H3a, H3b 支持
企业内社会资本—实现吸收能力—创新绩效：0.3288	创新绩效 = 0.701×实现吸收能力 + 0.193×潜在吸收能力	H4a, H4b 支持
企业外社会资本—实现吸收能力—财务绩效：0.1472	市场绩效 = 0.69×实现吸收能力	H4b 支持
企业外社会资本—实现吸收能力—市场绩效：0.2539	创新绩效 = 0.3288×企业内社会资本 + 0.041688×集聚度 + 0.3005×企业外社会资本	H5a, H5b 支持
企业外社会资本—实现吸收能力—创新绩效：0.258		
企业外社会资本—潜在吸收能力—财务绩效：0.0497		

续表

路径：影响系数	结构方程	对应假设及检验
企业外社会资本—潜在吸收能力—创新绩效：0.0425	市场绩效 = 0.3236×企业内社会资本 + 0.2539×企业外社会资本	H5a，H5b 部分支持
集聚度—潜在吸收能力—财务绩效：0.04881	财务绩效 = 0.1873 企业内社会资本 + 0.04881×集聚度 + 0.019692×企业外社会资本	H5a，H5b 支持
集聚度—潜在吸收能力—创新绩效：0.041688		

注：路径系数为标准化回归系数计算值。

因子分析表明，社会资本、集聚度均会影响集聚区企业绩效水平，各条影响路径系数、结构方程以及假设检验见表 6-8。表 6-8 表明，除集聚度与市场绩效路径外，假设 H5a、假设 H5b 均获得支持。其中社会资本的两个维度，企业内社会资本与企业外社会资本、集聚度与集聚区企业绩效正相关，企业内社会资本对三类绩效水平的显著影响均略大于企业外社会资本，集聚水平显著影响创新绩效、财务绩效，对市场绩效无显著影响，且对财务绩效的影响贡献明显大于创新绩效。

6.4 结论和讨论

6.4.1 研究的基本结论

本章以吸收能力为中介变量，目的在于了解集聚度、社会资本、吸收能力和服务企业绩效的相关性。研究表明社会资本与集聚度的确通过吸收能力影响企业集聚。基本结论如下：①集聚度与外部社会资本有共生关系，两者相互影响；②集聚度对企业潜在吸收能力有显著正向影响，社会资本对实现吸收能力有显著正向影响；③潜在吸收能力对企业财务绩效、创新绩效有正影响，实现吸收能力对企业财务绩效、市场绩效以及创新绩效均有正影响；④社会资本与集聚度会影响企业吸收能力进而影响企业财务绩效、市场绩效以及创新绩效。

从各因素来看,内外社会资本影响企业创新绩效、市场绩效以及财务绩效,集聚度影响企业绩效的创新、财务部分。社会资本与集聚度对企业吸收能力的影响也存在差异,外部社会资本对潜在吸收能力与实现吸收能力均有显著正向影响。集聚度对企业潜在吸收能力有正影响,对实现吸收能力无显著正影响。内部社会资本对实现吸收能力有显著正向影响,对潜在吸收能力无显著正向影响。

本章构建的理论模型分析框架以及其中的 16 条假设均得到了验证。潜在吸收能力与实现吸收能力显著正相关未通过假设检验的主要原始是我国大多数服务企业的内部学习能力较差,一是可能大多数服务业集聚区内大型服务企业未能发挥"领头羊"功能,导致知识很难在企业间扩散;二是可能被调查企业技术含量较高,企业自我创造新知识。本章认为市场绩效与潜在吸收能力假设检验不支持的原因可能是:被调研企业提供服务的方式、类型以及数量,更多是模仿其他服务企业,而不是依据对顾客调研分析作出的,导致顾客满意度不高。当然也不排除由于变量的选取以及度量不合适导致假设不通过。所以本章认为,对于潜在吸收能力与市场绩效之间的关系、潜在吸收能力与实现吸收能力之间的关系尚待商榷。集聚度对其市场部分影响不显著,假设未获支持,可能原因是类似企业空间集聚,导致竞争激励,企业市场份额降低。

6.4.2 意义与启示

(1) 意义。

本章研究结果对集聚度、社会资本与吸收能力的相关理论研究和实践都有重要意义。本章理论贡献主要体现在三方面。

一是综合考虑了社会资本和集聚在企业绩效中如何共同发挥作用,而以往都只是研究其中一个因素对企业绩效的影响。本章研究结果表明社会资本和集聚是促进企业发展较为重要的两类因素,二者是不可分割的,可以说社会资本是服务业集聚实体网络形式掩盖下的人与人之间的关系网络，而集聚是在企业关系网络上的实体结构表象。集聚对企业的促进作用要得到充分发挥，则企业必须利用社会网络获得各种必需的资源，而要获得更多的社会资本，则需要企业集聚。

二是将吸收能力引入模型，构建了吸收能力为社会资本、集聚度和企业绩效关系调节变量的理论模型。企业处于集聚环境下拥有丰富的社会资本，并不必然一定会有良好的企业业绩，还需要企业有较强的吸收能力，包括潜在吸收能力与实现吸收能力。

三是从各因素来看本研究证明一些有意义的结论：内部社会资本与潜在吸收能力无显著关系，集聚度与企业实现吸收能力无显著关系，外部社会资本与潜在吸收能力以及实现吸收能力均显著正相关。内部社会资本与外部社会资本有共生关系，集聚度与外部社会资本有共生关系，与内部社会资本无显著正相关关系。

（2）启示。

研究表明，服务产业集聚与企业发展具有正相关，然而集聚区内有些企业深陷亏损泥潭，有些企业却常年获利。本章研究表明，企业一方面要通过社会资本从集聚区内获取知识，提高企业潜在吸收能力；另一方面要在企业内部建立有效的渠道和平台促进员工间正式或非正式的知识流通，提高企业实现吸收能力，从而最终提高企业的财务业绩、创新业绩以及市场业绩。这就要求企业有意识均衡对外联系和对内经营管理方面，过多的社会关系而忽略企业日常管理可能会给企业带来消极影响，反之亦同。

中国许多地方政府陆续提议在当地建立多类型多层次多数量的服务业集聚区以促进当地经济发展，但结果差强人意。究其原因，笔者认为本地化的知识溢出是集群区企业的最大的收益，因此社会资本如何实现知识转移和共享，以夯实企业永续经营发展的管理基石对集聚区企业具有重要意义。

6.4.3 缺陷

本研究也存在一些缺陷，有待将来更多的研究来解决。首先，本章调查的地区以广东为主,且每份调查问卷由一个人回答,所以不可能完全避免以偏概全以及同源性错误。其次,本章分析的是横截面数据,未来可采用时间序列数据研究,可能研究结论更全面。最后,有两条路径未通过验证,有待于在以后研究中进一步了解原因。

7 社会资本对服务业集聚升级的实证发现

7.1 问题的提出

商圈是当今区域服务业集聚发展的最重要承载形式，虽然上海徐家汇、北京西单以及广州天河路商圈取得全球瞩目经济成绩，但大部分中国服务业集聚圈存在低附加值、租金成本上升、交通拥挤、需求短缺以及同质化竞争严重等问题，能否从社会资本角度解决上述现实问题并驱动商业圈升级将是本章研究的内容。通过在时空动态变化条件下研究典型商业圈案例中社会资本与商业圈的演化路径，我们或许能找到答案。本章研究表明，集聚区的演化升级过程，依赖于对社会资本投资的演化升级过程。

本章分为五部分，第二部分为理论铺垫；第三部分为研究设计与案例简介；第四部分实证发现；第五部分小结。

7.2 理论铺垫

7.2.1 服务业集聚升级

产业集群的成长存在某种生命周期形态，一般经过10年发展会基本成熟，若不及时升级则可能衰退（波特，2005）。国外学者较早关注计较升级问题，如 Capello（1998）提出集群升级是集群由低级向高级拓展的过程，Humphrey 和 sclunitz（2000）认为产业集群升级是在全球价值链范围内产业集群获得附加值能力的提升，其升级路径为：生产流程升级→产品升级→功能升级→价值链升级四阶段。朱海燕（2008）认为集群升级路径为：制度创新、技术创新、市场创新。本章借鉴 Humphrey 和 Sclunitz 的做法，将集群升级分为四阶段。表 7-1 列示了 Humphrey 和 Sclunitz 集聚升级四阶段及含义。

表 7-1　Humphrey 和 Sclunitz 集聚升级四阶段及含义表

升级阶段	含 义
过程升级	改进工艺流程，生产成本降低以及生产效率提升
产品升级	开发新产品，改进产品质量、实现差异化和高价值
功能升级	重新组合经营活动，获得新功能
价值链升级	由低附加值向高附加值提升

服务业集群的升级，必定是内外诱因导致内部各因素冲破原有路径依赖约束适应新环境的产物（汤临佳，2012），其动力来源于企业间的竞争及对环境的适应。一方面，服务业集群内同质企业间存在竞争与共生关系，适应性企业间会通过正反反馈机制相互协调、相互适应；另一方面，外部环境的改变可能提供一种导致集群企业变化的情景，随着外部环境的变化波动集聚会出现非简单直线型升级，其成功与否取决于集群结构类型和进化规则，是内部调适与内外部诱因高度统一作用的结果。陈晓峰（2013）指出产业集群升级需要内外双向的作用，且两者功能可能并不一致。Kerstin Press（2006）认为集群升级的最终体现是对内外环境适应能力的提高，目前多数集群升级研究关注集群内企业与世界联系的巨大作用，如刘芹（2007）认为集群应从知识和创新系统着手、加强内部网络并嵌入全球价值链网络实现升级。本章认为，与外界联系并学习可推动服务业集聚升级理论具有借鉴意义，但参与全球联系才能获得升级有待商榷。另外，参与全球价值链以及学习只是产业集聚升级的两个驱动力，两者均需要企业镶嵌入一定的网络关系才能发挥全球价值链以及学习的积极作用，社会资本可以很好的解释集聚升级问题。

7.2.2 社会资本及其投资

中国是一个非常重视关系的国家,走关系、拉关系企业与其利益相关者在交往中形成了复杂的社会关系网络。从维度来看,社会资本有关系、结构以及认知维。其中,结构资本包括情感网络、政商网络、产业网络、信息网络以及创新网络等,而各子网络亦可再细分为强、弱关系结构。认知资本包括价值观、愿景、文化、共同语言,其中文化、缄默知识等体现企业的核心竞争力。关系资本包括信任、规范等。不同的社会资本类型对经济的作用不同。首先,市场经济不完善的转轨经济过程中,关系资本中的网络关系可解决市场失灵、资源配置等问题。其次,在高度制度化的后工业社会,认知资本会以其独特的缄默知识,如共同语言、编码等,发挥传播复杂信息和降低社会交易成本的作用(斯蒂格利茨,2003)。最后,从结构维来看,企业间强关系导致技术信任程度较高,有利于复杂性知识的传递,但却具有锁定效应,企业间弱关系有利于异质信息的传递,具有低成本和低信息冗余度特征。企业往往会依据发展阶段和行业特征等因素将强弱关系的数量维持在一定的合理结构比例上。

社会资本投资的目的是为了有选择的获得企业需要的各类社会资本变量数量以及质量方面的增值,社会资本投资具有以下特点:(1)不同维社会资本对企业价值贡献存在差异,贡献越大,则形成该类社会资本投入的时间、人力以及物质越多,形成的成本壁垒越大,因此新建企业往往会因资金不足而优先选价值较低的社会资本投资,大型企业会投资价值较高的社会资本。从维度来看,结构、关系以及认知资本对企业价值贡献依次递增,因而其投资成本递增;从结构维来看,情感网络、商业网络、信息网络以及创新网络对企业价值贡献依次递增。目前中国高价值社会资本投资不足,特别是包含价值、文化传统等的认知资本由于一经形成很难改变,且人为忽略其资本折旧以及需再投资、公共产品的特性,投资往往不足。(2)投资会导致社会资本发生嬗变。企业弱关系经过投资可转化为企业强关系;通过高频率网络联系,非正式产业网络可转化为正式商业网络。

(3) 锁定效应。社会资本投资越深，越易刚性依赖前期社会资本投资而形成制度、技术、认知以及功能锁定。为了防止锁定，企业可通过自身努力及外界环境的变动解锁进入更高阶认知阶段。

7.2.3 社会资本投资与服务业集聚升级的协调演化

集群往往因技术改革、全球化及新政策出台等外部环境改变以及内部激烈竞争而衰退，社会资本投资为产业集聚的不断升级演化提供了可能。通过社会资本投资，重构基于适应内外环境的能真正对升级后集群企业发展方式和结构转换起支撑作用的社会资本，可实现集群升级。研究表明社会资本在经济转型期对商圈，特别家族企业起了一定的积极作用（陈晓峰，2013）。

然而，社会资本对集群的影响是一把双刃剑。一方面有助于稳定企业经济运行，增加企业超额收益；另一方面，即使初始的社会资本网络对产业集群有正向影响，当内外诱因冲击现有集群时，社会资本的锁定效应会导致更适应社会资本网络无法及时取代初始社会资本网络，集群会出现衰退甚至终结。在全球化及科学技术不断变化的外部环境冲击下，为了防止集群衰退，可采取以下方法：

一是投资有利于横向、静态学习的社会资本。通过构造有利于跨企业、跨区域、全球化学习的社会资本，降低集群被锁定的可能性。这可通过两种方式进行：（1）依据集群发展阶段，构造合理的弱关系比例。社会资本均有锁定效应，然而强关系的强锁定功能会导致集群衰退，弱关系是软锁定，通过构建合理的弱关系比例，有利于探索式学习和企业技术创新。（2）依据集群发展阶段，投资价值较高的社会资本，这可有效限制投资力不足者进入。当然只有企业存在足够与该社会资本适应的消费者需求以及供应能力时，投资高价值社会资本才有意义。从结构维来看，情感、商业、信息以及创新网络对企业价值贡献递增，因此，当集群从低级向高级升级过程中，企业主要投资的结构资本升级路径为：情感→商业→信息→创新网络。另外，对于制度、信任、价值观念等认知与关系资本，由于公共性、周期长，难以改变以及高投资特征，由有能力的政府去投资可有效弥补单个企业投资有限的制约。

二是投资有利于纵向、传承学习的社会资本。汤临佳（2012）研究证明，集群生产能力提升的主因在于其根植性①。纽约市富有个性的、有着深刻文化传统内涵的、充分融合商业和艺术的 SOHU 文化创意产业集聚区，能吸引全球商业资本云集的主要原因在于其文化社会资本的移植。参与全球化经济可能因过度嵌入低附加值而锁定俘获，难以支持集聚升级，因此投资传承学习的文化社会资本在中国更有现实意义。中国几乎所有的城市都有璀璨的独特历史文化与传统，通过对其跨时空移植投资，显现其价值实现集聚升级。

社会资本投资与集聚升级协同演化需注意几个问题：(1) 企业投资构建的社会资本是一个复杂的人工系统，其总价值并不是各类社会资本价值的简单加总，而是一个有机组合，其对服务业集聚升级的影响也不是各类社会资本合力的简单加总而是其相互作用下的综合结果。(2) 商圈升级往往并不表明所有商圈内企业同步升级的，实践中往往有代表性企业领跑，为其他企业提供学习标杆、制度刺激与组织平台，发挥网络社会资本的作用。(3) 政商网络在集群升级中发挥重要作用。赵剑波（2012）通过对软件工业园集群的实证分析，发现政府在创新与维护集群内部竞争环境，增强本地集聚区吸引力，提升信息服务方面发挥了不可替代的作用。

总之，在内外环境诱因下，通过投资新的或者扩建已有的社会资本网络，缓解原来的社会资本锁定并同时促进集聚升级，然后在集聚升级稳定一段时间后新一轮内外环境诱因引起社会资本投资重构和集聚的再升级的序列循环演化过程。

---

① 根植性是指经济行为深度嵌入当地的社会关系、制度以及人们生活的程度。

7.3 研究设计与案例简介

7.3.1 方法选择以及资料收集

案例研究是一种适合对现实复杂问题进行深入和全面考察的经验研究法。本章采用案例分析中的描述分析法。本章选择的典型案例天河路商圈具有以下条件：（1）商圈存续期较长，经历形成、发展、繁荣以及成熟期，商圈阶段特征明显；（2）为成功的典型商圈，较易识别社会资本及投资对集聚圈的影响及演化特征；（3）资料的易获得性，作者利用地缘、学缘的有利条件，对天河路商圈的整体发展历程和重要事件有较为全面的了解。

在资料收集方面，考虑作者主观倾向导致失真的可能性，依据 Yin（2003）的建议，采用多种方式同时收集资料，以多种公开发表的，包括商圈官网、新闻报道、企业简介、政府报道等资料为主，并对天河圈进行实地考察，辅以对天河路商圈 20 家服务企业高层进行深度访谈，访谈时间为 2013 年 10 月至 2014 年 3 月。作者将所有资料收集整理后，发现访谈、实地考察以及公开资料相互印证，表明数据收集具有一定的信度和效度。本研究依据天河圈一些关键的战略和运作事件，将天河路商圈升级分为 4 个阶段，动态揭秘社会资本投资如何促进集群升级。

7.3.2 天河路商圈介绍

天河路位于广州市新中轴线上，东西向，东起岗顶西至天河立交，长约 2.8 千米，天河路、天河北路 2 条横道将天河路构架成三纵三横片区。天河路商圈 30 年发展历程不长，却商贾云集，热闹非凡，被称为华南第一黄金商业带，是中国目前十大高端商圈之一。2011 年天河路商圈零售额近 400 亿元，销售总额超过 2000 亿元（苏利川，2012）。2013 年商圈商业零售总面积近 120 万平方米，圈内集聚商户近 10000 家。天河路商圈从蓝天白云下牛羊悠然吃草的荒地，成为引领亚太潮流生活时尚甚至国际商贸中心的核心,这些奇迹是如何做到的呢?管窥天河路商圈与其社会资本演化路径或许我们能找到真相。

7.4 实证发现

依据天河路商圈发生巨变的关键事件,并借鉴已有研究成果,本章将天河路商圈集聚升级分为4个阶段:基于天河区的过程升级阶段、基于都市圈的产品升级阶段、基于珠江三角洲的功能升级过程以及基于国家甚至全球的价值链升级阶段。

7.4.1 第一阶段(1986—1995):辐射天河区的过程升级阶段

1986年前,天河区在广州人眼里还是一个极为荒凉与遥远的地方,随着1986年天河体育中心的建立,1993年合资企业天河广客隆的诞生,1994年广州购书中心的构建为天河路商圈的形成带来了大量的人流,随着六运小区、天河北路办公建筑的构建以及周边中高等收入消费群体的增多,天河路逐渐形成了以广客隆为重心的零售网集聚区。与广州当时最大商业区上下九相比,天河路商圈虽然缺乏上下九传统的骑楼建筑和老字号品牌,但更具现代化商务功能,是典型的以新业态为核心的封闭型购物场所,其中代表性购物场地,广客隆更是国内首个货仓式商场,占地面积2.3万平方米,最高日销量达到293万元,开业曾轰动一时。九十年代初期,天河区商业用地面积占总面积的14.5%,天河路公交线最高达到29条,基础设施较为发达。以下分析本阶段在内外诱因下,天河商圈如何进行社会资本投资,以及社会资本与天河商圈之间的演变进程与集聚升级。

(1)内外诱因以及商圈的萌芽与形成。六运会后,天河路乃至整个天河区都恢复寂静,天河路并没有因六运会瞬间繁荣开来。广东省和广州市政府为了避免天河区空心化、地块利用率不高等问题,提议增强天河区城市功能,天河区的建设提上了重要议事日程。天河路大型购物商场广客隆的诞生,标志着天河路商圈建设正式拉开序幕,90年代中期天河路商圈已成长为一个具有相关规模、在广州举足轻重的商业区。此时建成的购物中心设施比较简单，功能单一，但环境舒适。在这一阶段，集群确定了商业服务的定位，但企业间分工不充分，企业更关注产品竞争以及企业生产问题，企业间常会争夺同质消费者而出现同质性的模仿与竞争，集群内企业数目不多。

（2）社会资本投资。第一阶段为天河路商圈企业内部资本以及外部资本的形成阶段。由于市场化正式制度供给不足，企业通过政商网络弥补并从中获得先期垄断收益。此阶段重商的文化传统和企业家社会资本是天河商业圈获得发展的两个初始条件。前者为社会资本提供了坚实的制度基础，后者利用企业家拥有的网络关系降低交易费用，并获得市场方式不易获得的关于机会和选择的有用信息。从结构维来看，第一阶段企业网络节点较少，合作单位较少，消费群体辐射度有限。企业间通过联合开发、合资以及战略联盟形成强关系，企业间横向强联系以及与政府纵向强联系较多，占据结构洞位置的企业会利用地域优势跨区域与香港特区、深圳等企业建立弱关系网络，但数量不多；从消费者网络来看，以天河商圈周围居民，以及周围工作的年龄约24岁左右的年轻白领为主。从关系维来看，企业间交易主要通过情感信任来进行，企业会通过长期频繁的接触与合作企业间建立相互情感信任。

（3）社会资本与商圈之间的演变关系。在企业完成与供应商、战略联盟等强关系的积累及消费者对天河商业圈的认同后，天河路商圈通过社会资本协调知识以及信息在企业间的流动，获得集群内范围经济、规模经济带来的成本降低及效率提高，实现了过程升级。1986—1995年是天河区商业集聚区的初级形成阶段，其形成与浙江模式一样，部分得益于政府规划以及市场经济改革（任晓，2004）。在该阶段与工作相关的交易活动往往与社会关系模式相重叠。

7.4.2 第二阶段（1995—2005）：辐射都市区的产品升级阶段

广客隆的倒闭以及龙头企业天河城的隆重开业，标志着天河路商业圈进入高速发展阶段。此阶段天河路商圈集聚度水平提升较快，1996年天河城正式营业，1997年宏城广场开门营业，2000年天河电脑城成立，2002年广州市中轴线的重新规划，2002年广州市第一家导入国际现代先进管理理念的大型百货公司——摩登百货闪亮登场，2003年时尚购物天堂维多利亚广场出现，吸引了广州市大量的、多样化的消费需求客流量，天河路商圈已成为以天河城、时代广场、中信广场、宏城广场、天河电脑城以及摩登百货为核心的大型商圈。从商圈核心企业天河城来看，开发商通过对曼谷、东京、欧洲、新加坡以及中国香港考察确定了天河城商业定位，由广州市设计院画施工图，中国香港谭苏建筑师事务所进行概念设计，1992年天河城开土动工，总投资额12亿元，投资者为4家资本实力雄厚的国资背景大型企业。天河城是中国大陆最早的购物中心之一，占地面积4.43万平方米，超过300家商户在场内经营，其成功带来的天河城效应影响全广东省乃至全国。从基础设施来看，公交60条，地铁1号线、3号线在天河路的开通与交融，广州交通设施的改善使得这座城市变得越来越小，为吸引广州市消费者流动、促进天河路商圈发展提供了基础保障。以下分析本阶段在内外诱因下，天河商圈如何进行社会资本投资，以及社会资本与天河商圈之间的演变进程和集聚升级。

（1）内外诱因以及商圈的转变。广州城市的东拓让天河商圈成为广州零售市场增量的最佳承接者，随着集聚圈空间规模以及产品辐射区的扩张，生存以及竞争的压力将转化成企业发展的动力，天河路商圈逐渐形成以中高档消费为主，裙楼商铺加临街商业旺铺为辅，以大型购物中心天河城、宏城广场及维多利亚广场三足鼎立的局面，本阶段天河路商圈集购物、娱乐、休闲及美食于一体，实现了多样化消费需求的相互整合与促进，成为广州高档、现代、富都市感的商业圈代表。21世纪中期天河路商圈已紧随上下九、北京路商圈，成为广州第三大商圈。

（2）社会资本投资。除了筛选、维持及强化已拥有的社会资本，与第一阶段相比，此阶段企业家是重要而非唯一社会资本投资主体，以企业，包括企业家，销售、供应部门等员工为投资主体，投资以产业网络为主的结构资本，具体包括供应网络系统、销售网络系统、竞争者网络系统以及消费者网络系统等，这些产业网络逐渐以交易契约取代企业家关系契约，是本阶段结构资本投资的主要特征。从消费者网络来看，消费者来源以天河路为中心，辐射至整个广州市，消费者平均教育程度、平均收入水平高于广州上下九、北京路2个顶级商圈；从非企业网络关系来看，本阶段与天河路商圈采用多种方式合作的大学和科研机构数量逐渐增加，如天河电脑城与广州大学合作举行广州大学生电脑节活动。与第一阶段相比，天河路商圈已逐渐实现企业节点多样化，强弱关系互补的产业网络在深度与宽度的增值。从认知维来看，以商场交易规则为基础的强关系间构建的情感信任，以高等学校、跨国公司为基础的弱关系构建的社会信用，以及以品牌为基础构建的公共信任，如天河城荣获"广州最具时尚商城"称号，摩登百货新LOGO正式诞生，表明该阶段天河路商业圈正处于混合信任阶段。

（3）社会资本与商圈之间的演化关系。广州市发展自西向东策略让天河路商圈成为新中轴线上的最大商圈，政商网络投资的深度与宽度增值是此阶段天河路发展的主要原因，当然还得益于开放环境下企业开阔的国外学习视野以及与科研所、高校的合作联系，通过对这些媒介与渠道的投资获得生产效率与创新模仿，弥补了企业成立时创新缺陷而避免了产业锁定，此时企业商业运作模式进入了以模仿海外企业与创新并举、差异化定价策略阶段，特别是以高收入水平为代表的消费者强关系网络的出现，成功推动了商业圈的产品升级。1986—1995年是天河路商圈的高速发展阶段，在该阶段与工作相关的交易活动模式逐渐取代社会关系模式。

7.4.3 第三阶段（2005—2013）：基于珠江三角洲的功能升级阶段

2005年民营集团正佳亚洲第一MALL强势开市，宣布了天河路商圈高速增长阶段的来临。2009年天河又一城地下商场，2010年太古汇以及万菱汇相继开业，天河路商圈已形成以大型购物中心为主体，大型百货在商圈中占比超过25%，以正佳广场和天河城广场为中心向外辐射的超级大商圈。正佳广场占地 5.7 万平方米，集"零售、休闲、娱乐、餐饮、会展、康体、旅游及商务"八大功能于一身，最早进行体验消费，每天约 100 万个国内外品牌同场经营，现已与香榭丽舍大街、纽约第五街、东京银座等齐名，成为当今世界第五、亚洲第一的大型购物中心。第三阶段天河路商圈发展具有以下特点：（1）新建购物中心越来越大，大型购物中心越来越多。新建的购物中心，如万菱汇、正佳广场、太古汇的单体商业面积均超过 10 万平方米，其中天河城、太古汇建筑面积均超过 45 万平方米，从大型购物中心数量来看，天河路商圈已集聚了天河城、宏成广场、正佳广场、太古汇、万菱汇、维多利亚广场、天河又一城等 11 所大型购物中心。（2）连锁经营模式的出现。通过在广州其他区域甚至珠三角投资连锁经营，如天河城百货已经在广州有六家分店。（3）互联网化。以太平洋电脑城、总统数码港以及天河电脑城为中心的天河路 IT 圈，是华南乃至全国最大的 IT 产品销售圈，互联网高效率的经济运行态势，引起商圈内企业服务、营销渠道、销售以及管理经营方式全面创新，企业间、企业内，以及企业与非经营机构组织间的交往方式开始通过互联网紧密相连，这为构建信息化天河路商圈提供了重要支撑。

在配套方面，太古汇、维多利广场、正佳广场、天河城、广晟大厦、隆德大厦、壬丰大厦、京光广场等十几所购物中心写字楼相继开业（上述项目大部分有酒店且全部都配置有商铺），为天河路商圈带来大量的供应商及人流，2007 年天河路商圈甲级写字楼占广州市的 55% 左右，写字楼进驻率超过 95%，且大部分是宝洁、友邦等涉外大型公司。基础设施方面，2010 年天河路 BRT 开通，60 多条公交车线，地铁 1 号、3 号线交汇，让天河路成为珠三角"一小时生活圈"的核心交汇点，据统计，由于交通的便利导致珠三角消费者出外消费频率从 2004 年的平均每月 5.2 次上升到 2005 年的平均每月 7.5 次。以下分析本阶段在内外诱因下，天河商圈如何进行社会资本投资，以及社会资本与天河商圈之间的演变进程与集聚升级。

（1）内外诱因以及天河路商圈的转变。天河城的巨大成功势必为周围企业构建新的社会网络提供制度刺激与组织平台,通过网络信息的示范效应,吸引大财团的进入及大型项目的开工,2013年天河路商圈已形成以11所大型购物中心为主题,互动互补、成行成市的集聚圈,天河路商圈也从单一购买中心的商圈转换为集"零售、休闲、娱乐、餐饮、会展、康体、旅游及商务"于一体的多功能超级商圈,成功实现了天河路的功能升级。基础设施的改善,珠三角"一小时生活圈"的建立为珠三角消费者冲破空间局限购买提供了条件,天河路商业圈从规模、集聚度以及影响力均超过北京路商圈成为广州第一商圈。

(2)社会资本投资。此阶段以正佳、天河以及其他购物中心为代表的天河路商圈企业,不断调整经营活动,增加企业附加值,依据新的外部环境、消费理念、以及商圈内竞争状况调适新的结构资本与认知资本,进一步筛选、保留以及维持已有的产业网络,并投资以信息网络为主的结构资本。从产业网络来看,第一,此阶段的消费者网络不仅包括已有的来源于广州市的消费者强关系,同时还有刚刚形成的辐射至珠三角地区的消费者弱关系,其中后者往往通过他人介绍,辅之以电视电台、报纸杂志以及网络等渠道了解天河路相关商品信息,已成为天河路商圈约1/3的购买群体。此时商圈消费者以广州、珠三角以及世界各地高端买家为主,因此主要来源于中等偏高的收入阶层,素质、文化以及公司职位较高。第二,在员工网络方面,如摩登百货举办员工运动会,天河电脑城举办爱心活动,激发员工团队精神,强化员工对企业的价值观和使命感,增强企业认知资本。第三,从投资网络来看,与上阶段主要靠国有企业投资相比,此阶段投资主要有外资投资为主,如太古汇由中国香港太古地产投资、凯德置地由新加坡投资。第四,从信息网络来看,与第二阶段相比,随着企业功能虚拟化、管理信息化以及营销渠道网络化,天河路商圈企业在服务方式、经营手段均从数字化,走向互联网化及智能化。第五,从政商网络来看,2012年天河路商会、天河路商圈管委会成立,宣布政府退出直接指导的历史舞台实现了向以宏观指导为主的转变,重塑了政府、市场与企业间的关系。从认知资本来看,第二阶段是以品牌为基础的公共信任的萌芽期,则第三阶段为公共信任建立的爆炸期，该阶段天河路商圈内企业普遍注重企业品牌和共建共享区域品牌，这有助于摆脱"功能锁定"（同质竞争）问题。如天河城获得广州著名商标奖，摩登百货获中国商业名牌企业、守合同重信用企业以及优秀连锁经营门店称号。

（3）社会资本与商圈之间的演化关系。商家从商圈获得的集聚经济优势因拥挤效应而降低，一方面逼迫企业从原有的社会资本嵌入关系中解脱出来重构新的社会网络，通过对外连锁投资与跨空间产业扩散，从新环境中吸收的异质知识丰富了原先过于单一的实践关系和克服过度嵌入的锁定，另一方面，商圈在数字化时代来临后除了保留、深化以及拓宽已有的部分社会资本，还会脱嵌、嵌入新的社会资本网络。突出体现在2个方面，一是商圈企业试图通过公关信任投资，在保留原有产业网络的基础上，提升企业对抗外部实践活动以及商业联系的复杂化的能力。二是数字化逼迫企业在传统服务方式中融合信息化服务，并着力发展新型技术产业。此时天河路商圈已由单纯购物走向占据更多附加值的集零售、休闲、娱乐、餐饮、会展、康体、旅游及商务于一体的多功能服务。2005—2013年是天河路商圈功能升级阶段。

7.4.4 第四阶段（2013—）：基于全国乃至全球化的价值链升级阶段

表7-2 天河路商圈业态分布表

购物中心	传统百货	专业店	餐饮	超市	其他
正佳广场	摩登百货	百脑汇广场	维多利亚餐饮区	吉之岛	广州购物中心
维多利亚广场	华亿百货	颐高数码广场	正佳广场餐饮区	百佳	
太古汇广场	天河城百货	国美	百脑汇广场餐饮区	好又多	时尚天河
天河城购物中心	中怡时尚中心	苏宁天河北店	正佳广场餐饮区	万佳	
古凌汇	友谊商城	太平洋电脑城	体育西路特色食街	广百	花城汇

资料来源：主要根据广东商学院流通经济研究所整理获取的。

2013年，天河路商圈商业总面积140万平方米，集聚了来自世界各地的 200 多个一线与著名品牌，商品销售额超过 2000 亿元。从客流量来看，2013 年天河路客流量超过 150 万人/天，节假日高峰期甚至超过 400 万人/天，天河路商圈已形成以高端商业、新型模式、大型购物中心以及国内知名品牌为主要特色的超级大商圈。表 7-2 为天河路商圈业态分布表，2013 年全国重点市场购物中心销售额排行榜显示，正佳广场以 62 亿销售额位居广州第一、全国第二；天河城销售额位居广州第二、全国第五；太古汇位居广州第三、全国第 20 位。2013 年天河路大型 IT 商城，太平洋电脑城、总统数码港以及天河电脑城等形成的电脑圈已成全国最大的 IT 商城圈。2013 年，天河路新增购物中心近 40 万平方米，约为 2012 年的 3 倍，成绩令人瞩目，它体现的璀璨光环来源于集群升级对企业绩效的强大推动作用。2014 年还将有 21 个综合商业体即将开业或者新建，国内首个商圈景气指数"天河路商圈购物指数"拟于 2014 年底发布，天河路商圈还计划引进近百个国际知名品牌。从基础设施来看，天河路商圈立体步行廊道"天河路国际商业景观主轴"、"都市休闲游憩长廊"、"岭南风情体验长廊"和停车诱导系统二期工程已启动建设。以下分析本阶段在内外诱因下，天河商圈如何进行社会资本投资，以及社会资本与商圈之间的演变进程和集聚升级。

（1）内外诱因以及天河路商业圈未来的转变。天河路商圈拥有先进的带状式 MALL 群，2013 年消费品零售总额超越上海徐家汇、北京西单等著名老牌商圈成为中国第一商圈，是目前国内规模最大的高端商贸集聚区。然而，天河路商业圈也存在很多问题。首先，同质率高，调查显示，天河城、正佳广场、友谊正佳店、广百中怡店、太古汇、万菱广场 470 个服装品牌重叠率达到 41.49%；126 个鞋品牌重叠率为 41.27%；48 个化妆品品牌重叠率为 45.83%。其次，奢侈品牌、商务时尚品牌以及国外品牌进驻率不高，老牌商圈中国香港太古进驻率高达 84%，北京西单、上海徐家汇达到 67%，天河路商圈与国际以及国内先进商圈存在明显差距。最后，目前天河商圈的客流九成是本地及珠三角居民，对海内外旅游人群的吸引和拓展仍有非常大的提升空间。面对上述问题，天河路商圈在 2014 年开始

"大换血"以丰富主核商业业态及业种品牌,具体包括3个方面:一是打造以"天河城—正佳广场"为中心的商业聚核零售区,增加公共文化服务设施促进商业、文化、旅游联动发展。二是打造以"万菱汇—太古汇"为核心的精品高端橱窗商业区,鼓励引进国际精品旗舰店。三是改造隆德国际大厦、外经贸大厦、华龙大厦与丰兴大厦裙楼,为精品百货、本土设计、国际精品旗舰店、品牌会所、时尚潮流专卖店等提供商业空间,目的是为了努力打造立足华南、面向亚太的世界级商业门户,让天河路商圈成为国际商贸中心核心承载区、亚太潮流生活时尚引领区以及美丽商都绿色人文窗口区,实现天河路商业圈价值链升级,目前天河路商圈客流量超过200万/天,其中港澳以及境外人员流入增长迅速(杨永恩,2008)。

(2)社会资本的投资。围绕创新能力的培养、国际化以及价值链的攀升是本阶段企业社会网络"再嵌入"的核心内容。本土品牌的国际知名度体现商圈品位,但天河路商圈本土国际大牌十分稀缺,因此需要商圈内企业由全球价值链低端向高端的攀升。除了筛选、维持及强化已拥有的社会资本,本阶段天河路商圈还投资新的社会资本,从结构资本来看,一是以投资创新网络为主,2013年天河路商圈由上海交通大学、AECOM以及广东财经大学等对天河路商圈进行了整体创新策划,而维多利亚广场、正佳广场等购物中心在商品设计、店面陈列和文化理念方面进行了业态创新。二是非正式产业网络逐渐被产业契约所取代,随着市场的不断深化,市场、法律等正式制度逐渐取代社会网络,但投资更高级社会资本,如品牌、声誉盛行。三是调适能力的减弱,随着企业集中密度的不断增加,集群锁定更强而调适能力降低。从关系资本来看,本阶段情感信任被制度信任、公共信任以及社会信任所取代,与第三个阶段相比,本阶段更强化天河路商圈整体品牌形象,已确定并推广天河路商圈英文名及LOGO标志。从认知维度来看,通过在天河路商圈打造风情体验长廊及景观,引导资本流入对传统及高科技服务业均有极大影响的文化创新产业,倡导对文化、习俗等认知资本的跨时空移植,传承创新实现集群升级。

表7-3 天河路商圈社会资本投资阶段性特征

投资		第一阶段 （1986—1995）	第二阶段 （1995—2005）	第三阶段 （2006—2012）	第四阶段 （2013—）
投资主体		企业家	企业	商圈	政府、商圈
投资特征	结构维	企业家网络为主	产业网络为主	信息网络为主	创新网络为主
	关系维	情感信任	社会信任、情感信任	社会信任	公共信任、政府信任
	认知维	团队精神、企业价值观的培养			文化移植

（3）社会资本与商圈之间的演变关系。天河路商圈商业面积有限，挤入以及维持在该商圈的成本倍增，企业间同质率高且竞争激烈，企业结构资本经稠密强关系→稀疏弱关系→稠密强关系的撒网演化，但新一轮国内强关系却造成技术锁定导致天河路商圈价值链、国际化程度远远滞后于全球跨国公司，因此，这迫使该阶段天河路商圈必须实现价值链升级。天河路商圈的高速膨胀依赖于高速增长的市场支撑，走出珠三角，辐射全国以及国际市场的发展潜力十分诱人，因此天河路商圈各大型购物中心，如维多利亚广场、正佳广场纷纷洗牌、调整定位再扩容，以构建世界级宽度的结构资本，以支撑企业引入国际高端品牌、塑造天河路商圈整体品牌以获得公共信任优势。为了加强天河路商圈根植性，天河路商圈正通过对广东历史文化及传统的时空移植显现其价值，从社会资本三维度方面构建天河路产业价值链高端的"链主"地位，全面提升产业集聚力、品牌辐射力、文化影响力、综合竞争力，将天河路商圈城打造城商贸中心展示区、国际购物天堂核心区、亚太时尚潮流引领区以及商业文化景观示范区。

表7-3汇总了天河路商圈企业对原有社会资本网络在筛选、保留、拓展与延伸的基础上各阶段社会资本投资的主要特征，表7-4汇总了天河路商圈升级标志性事件以及内外诱因。

表 7-4　天河路商圈升级诱因以及标志

阶　段	成长路径	内外部外部诱因	升级标志及事件
第一阶段	基于天河区的过程升级	集聚圈的形成，政府规划	天河体育中心、广客隆的构建
第二阶段	基于都市级的产品升级	集聚规模扩大，中轴线确定	天河城开业，成广州第三大商圈
第三阶段	基于珠江三角洲的功能升级	集聚内部竞争激烈、信息化	正佳开市，成广州第一商圈
第四阶段	基于全国的价值链升级	集群内同质化严重，全球化	成中国第一商圈

7.5　小结

通过以上理论分析和案例解剖，本章得到以下结论：（1）在内外环境的诱因下，需投资基于适应内外环境的能真正对升级后集群企业发展方式和结构转换起支撑作用的社会资本，然后在集聚升级稳定一段时间后会有下一轮内外环境的变动而引起的社会资本再投资和集聚的再升级的序列周而复始演化过程。（2）既可投资有利于横向、静态学习的社会资本，又可投资有利于纵向、传承学习的社会资本，在全球化浪潮下，前者因低附加值及过度嵌入难以为继，后者因其独特、难以复制而备受青睐。（3）集群升级基本路径为生产流程升级、产品升级、功能升级以及价值链升级，社会资本投资基本演化路径为以结构资本为主、到以关系资本为主到认知维度为主，从结构资本来看，其基本演化路径为以从情感网络为主、商业网络为主、信息网络为主以及到以创新网络为主，这就是服务业集群与社会资本协同演化的基本规律，天河路商业圈近 30 年的发展历程印证了上述结论。

目前中国正面临产业转型升级的问题。一方面同质化竞争、低附加值现象严重，迫切需要以集聚为载体的产业转型升级，另一方面企业信任缺失、无品牌、历史传统遗弃。本章从社会资本网络角度研究服务业集聚升级与社会资本网络演化规律，其结论对于我国商圈产业升级具有重要意义。

小启示：（1）通过对文化、习俗等社会资本投资，可能比进入全球化价值链中被俘虏锁定更有意义。（2）价值高的社会资本投资成本较高，政府可通过建立行业协会、技术平台、政策规划等，外化企业对高价值的社会资本投资。（3）处理好市场与非正式网络间的关系，市场经济需要以市场为基础，以关系契约部分取代非正式人际关系网。

8 结论与展望

8.1 结论

本书基于服务经济学、经济地理学等相关理论,在对服务业集聚、社会资本基本理论研究的基础上,结合服务业的性质,构建社会资本与服务业集聚研究分析体系,具体包括现代服务业集聚测度、社会资本对服务业的空间布局选择影响、集聚区社会资本对企业业绩的影响、政府干预与社会资本对集聚的替代作用、社会资本投资与服务业集聚升级协同演化等内容,并结合部分地区进行了案例研究,得出以下主要结论。

(1) 关于服务业集聚现象测度。本书分别用 EG 指数、G 指数测算了 2005-2011 年间 14 类服务业在全国大地理范围与广东小地理范围内的集聚度,并比较两者的差异,分析表明、全国大地理范围服务业和广东小地理范围服务业均存在集聚现象,具体来说,第一,全国大地理范围集聚度与广东小地理范围集聚度总体目前处于中等集聚水平。其中,从全国来看,消费服务业、生产服务业以及公共服务业均有中等集聚度。从广东小地理范围来看,消费服务业、生产服务业以及公共服务业分别有高、中、低的集聚度。第二,从 14 类服务产业来看,与其他服务产业相比,信息传输、计算机服务与软件业,租赁与商品服务业,以及房地产业均有较高的集聚度。第三,全国大地理范围内服务业集聚程度呈下降趋势,从小地理范围来看,广东省内服务业集聚程度明显增强。

(2) 服务业集聚与服务业产值、经济波动之间的关系。本书研究发现,消费服务业集聚程度越高,服务业产值越高服务业越发达;经济波动会显著影响生产服务业集聚。

（3）分工条件下社会资本对服务业集聚的重要促进作用。本书研究发现，分工条件下，为了节省外部交易费用，服务业会集聚；分工条件下，为了节省内部交易费用，会产生社会资本。在市场经济条件下，高度发达的分工要求企业交易必须以关系理性为基础，因此市场经济同样需要社会资本。而在分工系统里，社会资本不仅因节省内部交易费用促进均衡的分工水平和均衡的集聚水平向外推移，而且能显著提高企业绩效和创新能力。

（4）社会资本与服务业集聚形成：理论模型与数据模拟。本书以 Forslid 和 Ottaviano 的 FE 一般均衡空间经济模型为研究基础，详细地分析了在引入社会资本变量后经济体系的短期均衡与长期均衡以及相应的福利效应，发现社会资本差异对经济活动的区域分布的影响是十分显著的，中心区域有比外围区域更高的社会资本，服务业更集聚，社会资本会促使服务产业稳定地向社会资本多的区域转移，通过数据采集和计算，证明该结论正确，即由于不同地区的社会资本有明显差异，导致区域内以及区域间服务业交易成本以及生产成本不一致，因而影响服务业生产区位的选择，社会资本差异对经济活动的区域分布的影响是十分显著的。

（5）社会资本对服务业集聚形成促进作用的实证分析。在第二章的基础上，以全国2003—2010年间的14类服务业集聚为样本，本书实证研究了社会资本对服务业集聚的促进作用及局限性，并针对目前政府严重干预服务业集聚的背景下，实证了社会资本与政府干预对服务业集聚影响，研究发现：社会资本与服务业集聚之间会呈现"倒U"型结构，地方政府干预与服务业集聚正相关，而且社会资本与政府干预在服务业集聚中所起的作用可以相互替代。即当政府干预较少时，社会资本对服务业集聚有更强的影响力，反之亦反。本书将120个城市分为东部和西部两个样本区域，进一步考察了东部和西部的社会资本水平差异、政府干预差异对服务业集聚的影响，研究表明东部地区比中西地区有更高的社会资本水平、更多的政府干预，因此服务业集聚水平更高。结论表明，目前中国绝大部分地区社会资本还未到饱和状态,中国服务业集聚如火如荼,但是除了从政府干预等宏观调控方面来发展服务业集聚,还可通过地区适度的社会资本投资,促进服务业集聚的发展。

(6) 社会资本、集聚对企业绩效的影响分析。研究发现,服务业集聚、高社会资本是服务企业绩效提升的关键因素。本书以广东为主的129家服务企业为样本,采用结构方程对其实证分析,结果显示,以吸收能力为中介变量,服务业集聚区社会资本会显著促进企业绩效,内部社会资本与实现吸收能力显著正相关,集聚度与企业潜在吸收能力显著正相关,外部社会资本与潜在吸收能力以及实现吸收能力均显著正相关。集聚度与外部社会资本有共生关系,与内部社会资本无显著正相关关系,集聚度以及社会资本通过吸收能力中介作用影响企业绩效。这些研究表明,为了提高绩效,一方面企业要通过增加企业外部社会资本从而有利于从集聚区内吸收获取知识,另一方面要在企业内部建立有效的渠道和平台,增强企业内部社会资本,促进员工分享、整合以及消化知识等实现吸收能力的提升,从而最终增加企业的财务绩效、创新绩效以及市场绩效,这就要求企业有意识均衡对外联系和对内经营管理,过多的关注外部社会关系构建而忽略企业日常管理,企业可能会因实现吸收能力降低而降低企业财务、创新以及市场绩效,反之亦同。与其他国际先进国家相比,重"关系"的中国服务业并不具有明显集聚优势,究其原因,本书认为知识溢出是集聚区企业的最大优势,企业需要利用社会资本增强对溢出知识的吸收能力,实现知识转移和共享,才能夯实"关系"对集聚区企业的重要意义。

(7) 社会资本再投资与服务业集聚升级的协同演化分析。服务业集群的成长过程存在某种生命周期,会依次经历从出生到死亡的过程。目前中国服务业利用集群优势,极大地促进了现代服务业的快速发展。然而中国服务业集聚区存在同质化严重、附加值低等不足问题,迫切需要中国服务业集群升级。理论与经验案例证明社会资本投资能够促进日益开放以及竞争更加激烈的服务业集聚升级的需要。本书研究了从20世纪80年代至今的广州天河路商圈发展历程,通过动态研究典型商业圈案例中社会资本与商业圈的演化路径,证明了服务业集聚升级需要构建适应于内外环境的能真正对升级后集群企业发展方式与结构转换起支撑作用的社会资本,然后在集群升级稳定一段时间后会有下一轮内外环境的变动而引起的社会资本再投资和集聚再升级的序列周而复始的演化过程。案例研究表明:第一,在投资新的社会资本支持集聚升级时,既可以投资构建有利于横向、静态学习的社会资本网络,又可以投资构建有利于纵向、传承学习的社会资本网络,在全球化浪潮下,前者因低附加值过度嵌入难以为继,后者因其独特、难以复制性而备受青睐。第二,集群升级基本路径为生产流程的升级、产品升级、功能升级以及价值链升级,社会资本投资其基本演化路径遵从为以增宽结构资本为主到以增深关系资本为主再到强调认知维度为主的发展过程,而从结构维度来看,其基本演化路径为以从情感网络为主、商业网络为主、信息网络为主以及到以创新网络为主的投资发展阶段。

8.2 政策建议

从社会资本对服务业集聚影响的研究中,本书提炼出一些规律,并提出政策建议,以供借鉴与参考。服务业集聚本质是人与人之间的关系网络(社会资本)的外在表现形式,两者存在着内在支撑关系,社会资本对服务业集聚过程、集聚区内的企业业绩以及集聚升级均有明显促进作用,甚至社会资本可以部分替代政府干预对服务业集聚的影响,因此制定适当的政策支持社会资本的发展,可以促进服务业集聚的发展甚至升级。

(1)提高区域社会资本水平,促进服务业集聚、集聚区发展以及集聚升级。首先,政府可以通过扩充区域互联网、电话以及他通讯设备使用范围与使用密度,有利于民众提高交往频率、强度与密度,增强社会资本水平。其次,政府可以通过加强"信任"精神文明建设,比如提倡儒家文化,进而提高区域社会资本;通过对文化、习俗等时空价值再现,强化独特历史文化类社会资本水平。最后,与关系网络相比,品牌、声誉等社会资本更有效率,因此要重视提高区域品牌及声誉。

（2）提高中西部地区社会资本水平，促进中西部地区服务业集聚水平提高，减少东部地区与中西部发展水平差距。东部地区比中西地区有更高的社会资本水平，因此服务业集聚水平更高，通过增加中西部社会资本，推迟集聚拐点的出现，避免中西地区"梅佐乔诺陷阱"宿命，减少地区差异。

（3）提高企业社会资本水平，增强企业绩效。一般来说，一方面企业需要提高企业外部社会资本，这有利于企业从集聚区内获取知识，另一方面企业需要提高内部社会资本，促进知识在企业内部流通，两者同时进行才能最终提高企业的财务、创新以及市场绩效，因此企业既要加强对外联系，也要有效管理企业。

（4）社会资本投资注意的几个问题。一是对社会资本投资能力的要求制约了集聚升级，政府可通过建立行业协会、技术平台、政策规划等外化企业对高价值的社会资本投资。二是处理好市场与社会资本之间的关系，做到在市场经济发展时，需要以市场为基础的正式制度，如关系契约部分取代人际关系网（社会资本）。三是处理好政府干预与社会资本之间的关系。政府干预与社会资本在服务业集聚生命周期的各个阶段发挥的作用有显著差异，针对不同的集聚发展阶段，采用不同方式、不一样强度的政府干预手段，对集聚区发展是具有重要意义的。四是为了防止锁定，投资适宜的社会资本会更有利于服务业集聚，针对服务业集聚的不同阶段，促进其发展的社会资本是有显著差异的。除此以外，开放性、全球性网络以及文化传承是抑制服务业集聚锁定的较好方法。

8.3 研究的局限性和未来的方向

本书紧扣社会资本对服务业集聚影响这一论题，较为详细的论述了社会资本促进服务业集聚，对集聚区企业的影响以及演变规律，从计量以及案例分析等角度对该论题进行了实证分析，但因社会资本对服务业集聚的影响是一个复杂的社会经济现象，要构建系统、完善的社会资本与服务业集聚分析体系不可能一蹴而就，需要我们在以后的研究中不断拓展以及创新。同时由于本人水平、能力、时间以及资料获取等原因，本书在以下方面还存在一定的局限性，还有众多问题有待进一步研究。

首先，由于本书研究的是服务业集聚宏观层面的，服务业包括14大行业特色鲜明，差异巨大，本文未能针对特定服务行业集聚现象与社会资本的关系展开深入的计量与案例分析和比较，今后可进一步拓展与完善。在研究方法上，可以通过与国际上服务业集聚较发达的区域进行比较分析，让研究更为深入完善。

其次，由于服务业数据采集问题，导致有几个章节均有待于完善。在第二章，我们用HI、G以及EG指数对中国大地理范围与广东小地理范围进行了测度，由于中国服务业统计数据被严重低估，因此HI、G以及EG指数对服务业集聚测度存在一定的局限性，在今后可用更好的指标进一步加强研究。此外，由于2003年服务业统计口径发生变化，我们选取的样本时间有限，为了把握集聚度动态变化一般规律，有必要延长样本时间，为中国服务业集聚提供更充分的实证依据。在第四章以FE理论为视角研究服务业空间布局，以交易费用替代运输费用，对模型作了简单的修改，在模型上加入社会资本要素，但本书未全面结合服务业特色，因此有待于进一步研究得出具有一般意义的服务业集聚结论。在第五章中，在研究社会资本与政府干预对服务业集聚替代作用时，由于数据的不可获得性，因此假设政府干预该数据一直比较稳定，虽然稳健性测试证明结论是正确的，但由于研究时间是从2003年到2010年，因此结论还需要今后进一步检验。在第六章中，调查以广东服务业为主，采取横截面数据，未来可采用时间序列数据研究，可能研究结论更全面。第七章中，虽然广州天河路商圈有较长时间存在，经历过形成、发展、繁荣以及成熟期，但在案例验证投资纵向、传承学习的社会资本促进服务业集聚升级时，由于2013年才是天河路商圈进入基于全国乃至全球化的价值链升级阶段，因此结论还未时过早。

最后，社会资本涵盖面较广，定性较困难。社会资本具体包括信任、网络、共同愿景、社会互动、价值理念、历史传统、文化、行为模式、位置中心性等变量，涵盖面非常广，因此如何厘清各社会资本变量，并将其对服务业集聚的贡献分离出来，计算、实证以及案例分析，是今后能够更深入研究的方向。

参考文献

[1] 阿林·杨格. 报酬递增与经济进步 [J]. 经济杂志, 1928, 38 (12): 7-9.

[2] 柏遵华, 聂鸣. 产业集群背景下的社会资本与产业集群互动研究 [J]. 科技进步与对策, 2004 (10): 7-9.

[3] 边燕杰, 丘海雄. 企业的社会资本及其功效 [J]. 中国社会科学, 2000 (2): 87-99.

[4] 蔡华林. 企业集群内社会资本的动力机制研究 [J]. 财经论丛, 2005 (6): 76-84.

[5] 曾国宁. 生产性服务业集群：现象、机理和模式 [J]. 经济学动态, 2006 (12): 59-61.

[6] 陈得球, 金鑫, 刘馨. 政府质量、社会资本与金字塔结构 [J]. 中国工业经济, 2011 (7): 129-139.

[7] 陈建军, 陈国亮, 黄洁. 新经济地理学视角下的生产性服务业集聚及其影响因素分析 [J]. 世界经济, 2009 (4): 83-94.

[8] 陈捷, 卢春龙. 共通性社会资本与特定性社会资本 [J]. 社会学研究, 2009 (6): 87-103.

[9] 陈艳莹, 原毅军, 游闽. 中国服务业进入退出的影响因素 [J]. 中国工业经济, 2008 (10): 75-85.

[10] 程大中, 陈福炯. 中国服务业相对密集度及对其劳动生产率的影响 [J]. 管理世界, 2005 (2): 77-84.

[11] 程大中, 黄雯. 中国服务业的区位分布与地区的专业化 [J]. 财贸经济, 2005 (7): 73-82.

[12] 程大中. 中国服务业增长的特点、原因及影响——鲍莫尔—富克斯假说及其经验研究 [J]. 中国社会科学, 2004 (2): 18-32.

[13] 陈良文, 杨开忠. 集聚与分散: 新经济地理学模型与城市内部空间结构、外部规模经济效应的整合研究 [J]. 经济学, 2007, 7 (10): 53-70.

[14] 陈柳钦. 分工协作、交易费用与产业集聚 [J]. 西华大学学报, 2006 (10): 34-39.

[15] 陈晓峰, 邢建国. 集群内外耦合治理与地方产业集群升级——基于家纺产业集群的例证 [J]. 当代财经, 2013 (1): 102-110.

[16] 陈运森, 王玉涛. 审计质量、交易成本与商业信用模式 [J]. 审计研究, 2010 (6): 77-85.

[17] 池仁勇. 区域中小企业创新网络形成、结构属性与功能提升: 浙江省实证考察 [J]. 管理世界, 2005 (10): 102-112.

[18] 邓桂枝. 生产性服务业区域集聚测度及其适宜性研究 [J]. 经济问题, 2012 (7): 46-50.

[19] 戴宏伟, 丁建军. 社会资本与区域产业集聚: 理论模型与中国经验 [J]. 经济理论与经济管理, 2013 (2): 86-99.

[20] 戴亦一, 张俊生, 曾亚敏, 潘越. 社会资本与企业债务融资 [J]. 中国工业经济, 2009 (8): 99-108.

[21] 段海艳. 连锁董事关系网络对企业绩效影响研究 [J]. 商业经济与管理, 2009 (4): 38-43.

[22] 樊纲, 王小鲁, 朱恒鹏. 中国市场化指数——各地区市场化相对进程 2003-2006 年度报告 [R]. 经济科学出版社.

[23] 范剑勇, 李文方. 中国制造业空间集聚的影响: 一个综述 [J]. 南方经济, 2011 (6): 53-65.

[24] 郭少新, 何炼成. 社会资本: 解释经济增长的一种新思路 [J]. 财贸研究, 2004 (2): 7-10.

[25] 郭毅, 罗家德. 社会资本与管理学 [M]. 上海: 华东理工大学

出版社. 2007.

[26] 格鲁特尔特, 贝斯特纳尔. 社会资本在发展中的作用 [M]. 成都: 西南财经大学出版社, 2004.

[27] 耿新, 张体勤. 企业家社会资本对组织动态能力的影响 [J]. 管理世界, 2010 (6): 109-121.

[28] 郝寿义. 区域经济学原理 [M]. 上海: 上海人民出版社, 2007.

[29] 郝颖, 刘星. 政府干预、资本投向与结构效率 [J]. 管理科学学报, 2011 (4): 52-73.

[30] 何雄浪, 李国平, 杨继瑞. 我国产业集聚原因的探讨——基于空间效应、集聚效应、空间成本的新视角 [J]. 经济研究, 2007 (6): 43-60.

[31] 何雄浪. 劳动分工、交易效率与产业集群演进 [J]. 财经研究, 2006 (4): 68-78.

[32] 胡彬. "浙江模式"转型中的社会资本投资与"战略再嵌入" [J]. 中国工业经济, 2008 (8): 15-25.

[33] 胡晨光, 程惠芳, 俞斌. "有为政府"与集聚经济圈的演进——一个基于长三角集聚经济圈的分析框架 [J]. 世界经济, 2011 (2): 61-80.

[34] 胡洁, 陈彦煌. 贸易自由化、产业集聚与失业: 新经济地理观 [J]. 世界经济, 2011 (3): 39-50.

[35] 胡霞. 中国城市服务业空间集聚变动趋势研究 [J]. 财贸经济, 2008 (6): 103-107.

[36] 吉昱华, 蔡跃洲, 杨克泉. 中国城市集聚效益实证分析 [J]. 管理世界, 2004 (3): 64-74.

[37] 蒋春燕, 赵署明. 社会资本和公司企业家精神与绩效的关系: 组织学习的中介作用 [J]. 管理世界, 2006 (10): 90-99.

[38] 江波, 李江帆. 政府规模、劳动—资源密集型产业与生产服务业发展滞后: 机理与实证研究 [J]. 经济研究, 2013 (1): 64-76.

[39] 江小涓, 李辉. 服务业与中国经济: 相关性和加快增长的潜力

[J].经济研究,2004(1):4-15.

[40] 江小涓.服务全球化的发展趋势和理论分析[J].经济研究,2008(4):4-18.

[41] 江小涓.服务业增长：真实含义、多重影响和发展趋势[J].经济研究,2011(4):4-18.

[42] 蒋三庚.现代服务业研究[M].北京：中国经济出版社.2007.

[43] 金荣学.我国服务业集聚的测度、地区差异与影响因素研究[J].财政研究,2010(10):41-45.

[44] 金荣学,许广月.现代服务业集聚效应与经济发展研究[J].财政研究,2009(11):11-17.

[45] 康芒斯.制度经济学[M].北京：商务印书馆,1997.

[46] 黎凯,叶建芳.财政分权下政府干预对债务融资的影响——基于转轨经济制度背景的实证分析[J].世界经济,2007(8):23-34.

[47] 李江帆.国外生产服务业研究综述[J].国外经济与管理,2004(11):16-25.

[48] 李江帆.中国第三产业的战略地位与发展方向[J].财贸经济,2004(1):65-74.

[49] 李江帆.产业结构高级化与第三产业现代化[J].中山大学学报,2005(4):124-144.

[50] 李江帆.第三产业经济学[M].广州：广东人民出版社,1999.

[51] 李世杰,胡国柳,高健.转轨期中国的产业集聚演化：理论回顾、研究进展及探索性思考[J].管理世界,2014(4):124-144.

[52] 李文秀,谭力文.服务业集聚的二维评价模型及实证研究——以美国服务业为例[J].中国工业经济,2008(4):55-63.

[53] 梁琦,吴俊.财政转移与产业集聚[J].经济学,2008(7):1249-1268.

[54] 林南.社会资本——关于社会结构与行动的理论[M].上海：上海人民出版社.2005.

[55] 林毅夫．经济发展与转型：思潮、战略与自身能力 [M]．北京大学出版社，2008．

[56] 刘芹．产业集群升级研究述评 [J]．科研管理，2007 (5)：57-62．

[57] 刘仁军．关系契约与企业网络转型 [J]．中国工业经济，2006 (6)：91-98

[58] 鲁晓东，李荣林．区域经济一体化、FDI 与国际生产转移 [J]．经济学，2009 (4)：1475-1496．

[59] 陆立军．市场拓展、报酬递增与区域分工——以"义乌商圈"为例的分析 [J]．经济研究，2007 (4)：67-78．

[60] 陆铭，李爽．社会资本、非正式制度与经济发展 [J]．管理世界，2008 (9)：161-165．

[61] 路红艳．基于产业视角的生产性服务业发展模式研究 [J]．财贸经济，2008 (6)：108-112．

[62] 路江涌，陶志刚．中国制造业区域集聚及国际比较 [J] 经济研究，2006 (3)：103-114．

[63] 罗党论，唐清泉．政治关系、社会资本与政治资源获取：来自中国民营上市公司的经验证据 [J]．世界经济，2009 (7)：84-94．

[64] 罗勇，曹丽莉．中国制造业集聚程度变动趋势实证研究 [J]．经济研究，2005 (8)：106-127．

[65] 马风华，刘俊．我国服务业地区性集聚程度实证研究 [J]．经济管理，2006 (23)：10-13．

[66] 潘红波，夏新平，余明桂．政府干预、政治关联与地方国有企业并购 [J]．经济研究，2008 (4)：41-52．

[67] 潘越，戴亦一，吴超鹏，刘建亮．社会资本、政治关系与公司投资决策 [J]．经济研究，2009 (11)：82-94．

[68] 帕萨·达斯古普特，等．社会资本——一个多角度的观点 [M]．北京：中国人民大学出版社，2005．

[69] 秦海. 制度、演化与路径依赖 [M]. 北京: 中国财政经济出版社, 2004.

[70] 饶扬德. 资源整合提升企业自主创新能力的对策 [J]. 科技管理研究, 2006 (12): 5-7.

[71] 任晓. 政府意志与经济民营化: 一种互惠式生产性政治关系 [J]. 中国农村观察, 2004 (1): 56-62.

[72] 任英华. 现代服务业集聚统计模型及其应用 [J]. 湖南大学博士论文, 2010.

[73] 任英华, 邱碧槐, 王耀中. 服务业集聚现象测度模型及其应用 [J]. 数理统计与管理, 2011 (6): 1089-1096.

[74] 萨缪·鲍尔斯. 微观经济学: 行为, 制度和演化 [M]. 北京: 中国人民大学出版社, 1999.

[75] 盛龙、陆根尧. 中国生产性服务业集聚及其影响因素研究 [J]. 南开经济研究, 2013 (5): 115-129.

[76] 苏利川. 世界第一商圈牵手广州天河路 [R]. 中华工商时报, 2012.12.25.

[77] 孙浦阳, 武力超, 张伯伟. 空间集聚是否总能促进经济增长: 不同假设条件下的思考 [J]. 世界经济, 2011 (10): 3-15.

[78] 孙铮, 刘凤委, 李增泉. 市场化程度、政府干预与企业债务期限结构 [J]. 经济研究, 2005 (10): 52-63.

[79] 谭劲松、何铮. 集群研究文献综述及发展趋势 [J]. 管理世界, 2007 (12): 140-147.

[80] 汤临佳. 产业集群结构、适应能力与升级路径研究评 [J]. 科研管理, 2012 (1): 1-9.

[81] 唐红涛. 商业空间集聚形成与演化发展研究 [J]. 经济经纬, 2011 (2): 50-54.

[82] 唐珏岚. 原生与嵌入: 上海生产性服务业集聚区形成的两种模式 [J]. 当代经济管理, 2010, 32 (12): 49-53.

[83] 吴海民. 市场关系、交易成本与实体企业"第四利润源"[J]. 中国工业经济, 2013 (4): 114-119.

[84] 辛向前. 网络经济的交易费用和信息不对称 [J]. 中共中央党校学报, 2003 (11): 97-101.

[85] 汪德华, 张金恩, 白重恩. 政府规模、法治水平与服务业发展 [J]. 经济研究, 2008 (6): 51-63.

[86] 亚当·斯密. 国富论 [M]. 山西: 山西出版社, 2010.

[87] 王国顺, 杨昆. 社会资本、吸收能力对创新绩效影响的实证研究 [J]. 管理科学, 2011 (10): 23-36.

[88] 王朝阳, 何德旭. 英国金融服务业的集群式发展: 经验及启示 [J]. 世界经济, 2008 (3): 89-95.

[89] 王缉慈. 创新的空间: 企业集群与区域发展 [M]. 北京: 北京大学出版社, 2005 (5).

[90] 王建, 刘冰, 陶海青. 产业集群中企业家社会网络演化 [J]. 科学学与科学技术管理. 2007, (4): 169-174.

[91] 王恕立, 胡宗彪. 中国服务业分行业生产率变迁及异质性考察 [J]. 经济研究, 2012 (4): 15-27.

[92] 王先庆, 武亮. 服务业集聚水平及其影响因素研究——以广州批发零售为例 [J]. 北京大学工商学报, 2011 (5): 46-59.

[93] 王晓玉. 基于企业社会资本的竞争优势探索 [J]. 商业研究, 2005 (5): 45-48.

[94] 王晓玉. 国外生产性服务业集聚研究述评 [J]. 当代财经, 2006 (3): 92-96.

[95] 王永进, 李坤望, 盛丹. 契约制度与产业集聚: 基于中国的理论及经究 [J]. 2010 (1): 141-156.

[96] 韦影. 企业社会资本与技术创新: 基于吸收能力的实证研究 [J]. 中国工业经济, 2007 (9): 119-127.

[97] 汪彩君. 过度集聚、要素拥挤与产业转移研究 [A]. 浙江大

学，2011.

［98］魏守华．产业集群的动态研究以及实证分析［J］．世界地理研究，2002（3）．

［99］温春龙．我国各地区信息服务产业的地理聚集分析［J］．科技管理研究，2011（4）：180-184.

［100］向希尧，朱伟民．产业集群中社会资本的作用［J］．工业技术经济，2006（6）：4-7.

［101］肖为群．集群、社会资本与企业成长［J］．软科学，2011（10）：101-106.

［102］谢先达，卜庆军．基于产业集群组织形式下的企业社会资本分析［J］．企业经济，2006（9）：33-36.

［103］谢兰兰，鲁诚至．社会资本、政府干预与服务业集聚的影响研究［J］．财经论丛，2014（11）：1-7.

［104］徐乾．产业集群中的知识传播与企业竞争优势研究［M］．浙江大学出版社，2009（7）．

［105］杨永恩．购物中心餐饮空间设计探析［R］．西安建筑科技大学硕士论文，2008（5）．

［106］严成樑．社会资本、创新与长期经济增长［J］．经济研究，2011（11）：48-60.

［107］阎小培，姚一民．广州第三产业发展变化及空间分布特征分析［J］．经济地理，1997（2）：41-48.

［108］杨小凯．新兴古典经济学和超边际分析［M］，北京：中国人民大学出版社，2000.

［109］杨勇．中国服务业集聚实证分析［J］．山西财经大学学报，2008（10）：64-68.

［110］张方华．企业的社会资本与技术合作［J］．科研管理，2004，25（2）：31-36.

［111］张俊生，曹亚敏．社会资本与区域金融发展［J］．财贸研究，

2005 (4): 37-45.

[112] 张魁伟, 许可. 产业集群的社会资本运行机制 [J]. 经济学家, 2007 (4): 59-64.

[113] 张其仔. 社会资本论——社会资本与经济增长 [M]. 北京: 社会科学文献出版社. 2002.

[114] 张其仔. 中国人的关系取向与中国企业的关系营销 [J]. 经济管理, 2004 (11): 64-71.

[115] 张维迎, 柯荣往. 信任及其解释: 来自中国的跨省调查分析 [J]. 经济研究, 2002 (10): 59-70.

[116] 张文宏, 张莉. 劳动力市场的社会资本与市场化 [J]. 社会学研究, 2012 (4): 1-23.

[117] 张文忠. 大城市服务业区位理论及其实证研究 [J]. 地理研究, 1999 (3): 273-281.

[118] 赵剑波. 政府的引导作用对于集群中企业创新绩效的影响 [J]. 科研管理, 2012 (2): 11-17.

[119] 郑海涛. 基于企业集聚网络结构、外部社会资本和技术创新绩效关系研究 [A]. 华南理工大学, 2011.

[120] ADLER P, KWON S. Social Capital Prospects for a New Concept [J]. A Cadeny of Managerment Review, 2002, 27 (1): 17-40.

[121] ALAN S. BLINDER. Offshoring: The Next Industrial Revolution [J]. Foreign Affairs, 2006 (3).

[122] ALLEN, F., QIAN, J and QIAN, M.. Law, Finance, and Economic Growth in China [J]. Journal of Financial Economics, 2005, 77 (1): 57-116.

[123] A. LEYSHON, Geographies of Money and Finance Ⅲ [J]. Progressin Human Geography, 1998, 22 (3): 433-446.

[124] AMITI, M. Location of Vertically Linked Industries: Agglomeration Versus Comparatives Advantages [J]. European Economic Review, 2005

(49): 809-832.

[125] ARIANI D W. Social Capital Moderating Roles Towards Relationship of Motivies, Peersonality and Organzitional Citizenship Behavior: Cases in Indonesian Banking Industry [J]. The South East Asian Journal of Management, 2010, 4 (2): 161-183.

[126] ARIKAN A T. Interfirm Knowledge Exchanges and the Knowledge Creation Capability of Clusters [J]. Academy of management Review, 2009, 34 (4): 658-676.

[127] Arrow, K. J. Gifts and Exchanges [J]. Philosophy and Public Affairs, 1972, 1 (4): 343 - 362.

[128] ASHEIM B. Regional Innovation Systems: the Integration of local Sticky an Global Ubiquitous Knowledge [J]. Journal of Technology Transfer, 2002 (65): 77-86.

[129] BALDWIN, R. E. and Okubo, T. Heterogeneous Firms, Agglomeration and Economic Geography [J], Spatial Selection and Sorting. Journal of Economic Geography, 2006, 6: 323-346.

[130] BARRO, R. Economic Growth in a Cross Section of Countries [J]. Quarterly Journal of Economics, 1991 (106): 407-443.

[131] Berkoz & Eyuboglu, Intrametropolitan location of producer service FDI in Istanbul [J]. European PlanningStudies, 2007, 15 (3): 357-381.

[132] BRETT ANITRA GILBERT, Patricia P. McDougall, David B. Audretsch. Journal of Business Venturing [J]. Clusters, Knowledge Spillovers and New Venture Performance: An Empirical Examination, 2008, 23 (4): 405-422.

[133] BURT R S. Structural Holes: the Social Structure of Competition [J]. Cambridge, MA: Harvard University Press, 1992.

[134] Brunetti, Kisunko & Weder. credibility of Rules and Economic Growth [J]. Policy Research Working Paper 1760. World Bank, Office of the Chief Economic and Senior vice President, Development Economics, Washing-

ton, DC

[135] C. HAUSER, G. TAPPEINER, J. WALDE. The Learning Region: Impact of Social. Capital and Weak Ties on Innovation [J]. Regional Studies, 2007 (41): 75-88.

[136] CAMAGN R. Innovation Networks: Spatial Perspectives [M]. Belhaven Press, London and New York, 1991.

[137] CAPELLO R., Spatial transfer of knowledge in HiTech Milieux: Learning versus Collective Learning Progresses [J]. Regional Studies, 1998, 33 (4): 352-365.

[138] CAPELLO R, Faggian A. Collective Learning and Relational Capital in local Innovation Processes. Regional Studies, 2005, 39: 75-87.

[139] CHOI, C. J., LEE, S. H., KIM, J. B. A Note on Countertrade: Contractual Uncertainty and Transaction Governance in Transition Economies [J]. Journal of International Business Studies, 1999 (30): 189-201.

[140] CHURCHILL G., FOFD N, Walker O. Sales force Management 4th ed [M]. Homewood. 1992。

[141] ClAESSENS S, Djankov S, Fan J P H, et al. When does Corporate Diversification Matter to Productivity and Performance? Evidence From East Asian Journal [J], Pacific Basin Finance Journal, 2003, 11 (3): 365-392.

[142] COASE, R. The Nature of the Firm [J]. Economic, 1937 (4): 386-405.

[143] COHEN W, LEIVINTHAL D. Absorptive Capacity: A New Perspective on learning and Innovation [J]. Administrative Science Quarterly, 1990, 35: 128-152.

[144] COLEMAN, J. Foundation of Social Theory . Cambridge, MA: Harvard University Press. 1990

[145] COOPER RG, Kleinschmidt E J. An Investigation into the New Product Process: Steps, Deficiencies, and Impact [J] . Joural of Product In-

novation Management, 1995, 3 (2): 71-85.

[146] D. KEEBLE, F. WIKINSON (eds.), High-technology Clusters, Networking and Collective Learning in Europe [J]. Aldershot: Ashgate, 2000.

[147] D. J. GRAHAM, H. Y. KIM. An Empirical Analytical Framework for Agglomeration Economies [J]. Tannals of Regional Science, 2008, 42 (2): 267-289.

[148] DJANKOV S, LA PORTA R, Lopez-de-Silanes F, et a.l Courts [J]. Quarterly Journal of Economics, 2003, 118 (6): 453-517.

[149] DOLOREUX D. Regional Networks of Small and Medium Sized Enterprises: Evidence from the Metropolitan Area of Ottawa in Canada. European Planning Studies, 2004, 12 (2): 173-189.

[150] DURKHEIM, Emile, The Division of Labor in Society [M]. New York: Free Press. 1964.

[151] Dyer J H. Specialized Supplier Network as a Source of Competitive Advantage: Evidence From Auto Industry [J], 1996, 17 (4): 271-292.

[152] FORSLID, R., G. OTTAVIANO. An Analytically Solvable Core-Periphery Model [J], American Economic Review, 1977, 67 (3): 297-308.

[153] FOURNIER, S. Consumer and Their Brands: Developing Relationship Theory in Consumer Research [J]. Journal of Consumer Research, 1998, 24 (3).

[154] FOURNIER, S. Consumer and Their Brands: Developing Relationship Theory in Consumer Research [J]. Journal of Consumer Research, 1998, 24 (3).

[155] FUJITA M., SMITH T. E., Additive Interaction Model of Spatial Agglomeration, Journal of Regional Science [J], 1990, 30 (1): 51—74.

[156] FUJITA M., Spatial Interactions and Agglomeration in Urban Economics, In Chaterji M., Kuenne R. E. (Eds.): New Frontiers of Regional Science, London: McMillan, 199: 184-190.

[157] GIBERT B A, MCDOUGALL P P, David B. Audretsch. New Venture Growth: A Review and Extension [J]. Journal of Management, 2006, 12: 926-950.

[158] GRABHER G. The Weakness of Strong Ties: The Lock-in of Regional Development in the Ruhr Area [A]. In G. Grabher (ed). The Embedded Firm: On the Socioeconomics of Industrial Networks [M]. London: Routledge, 1993.

[159] GRANOVETTER M S. Problems of Explanation in Economic Sociology, in Networks and Organizations: Structure, Form, and Action. Ed. N. Nohria and R. Eccles [M]. Boston: Harvard Business School Press, 1992.

[160] GRANT, R. M.. Toward a Knowledge-based Theory of the Firm [J]. Strategic Management Journal, 1996 (17): 109-122.

[161] HANSEN M T. The Search-Transfer Problem: The Role of Weak Ties in Sharing Knowledge Across Orangization Subunits [J]. Administrative Science Quarterly Region. 1999, 44 (1): 82-111.

[162] HE CANFEI. Location of Foreign Manufacturers in China: Agglomeration Economics and Country of Origin Effects [J]. Region Science. 2003 (82): 361-372.

[163] HOMANS, George C. 1950. The Human Group [M] New York: Harcourt, brace

[164] HOOVER. The Location of Economic Activity [M]. McGraw-Hill Book Company. 1948.

[165] HUBER F. Social Capital of Economic Clusters: towards a Network-based Conception of Social Resources. Tijdschrift voor Economishe en Sociale Geografie, 2009, 100 (2): 160-170.

[166] HUMPHREY, Sclunitz. Governance and upgrading: Linking Industrial Cluster and GlobalValueChain [R]. IDSWorkingPaper, 2000.

[167] ISHISE, H., Y. SAWADA. Aggregate Return to Social Capital: Estimates Based on the Augmented Augmented-Solow Model [J]. Journal of Macroeconomics, 2009 (31): 376-393.

[168] IYER S, KITSON M, Toh B. Social Capital, Economic Growth and Regional Development [J]. Regional Studies, 2005, 39 (8): 1015-1040.

[169] JANE JACBOS. The Death and American Cities [J]. Rardom House, 1961.

[170] JANSEN, J. J. P., VAN DEN BOSCH, F. A. J., VOLBERDA, H. W. Managing Potential and Realized Absorptive Capacity: How Do Organization Antecedents Matter? [J]. Academy of Management Journal, 2005, 48 (6): 999-1015.

[171] KAPLINSKY, R., MORRIS, M., A Handbook forValue Chain Research [D]. Paper for IDRC 2002.

[172] KEVIN LANE KELLER. Conceptualizing, Measuring, and Managing Customer - based Brand Equity [J]. Journal of Marketing, 1993, 1 (57): 1- 22.

[173] KlEIN B. Why Hold - Ups Occur: The Self-enforcing Range of Contractual Relationship [J]. Economic Inquiry, 1996, 34 (2): 444-463.

[174] KONG X, Why Are Social Network Transaction Important? Evidence Based on the Concentration Of Key Suppliers and Customers in China [J], China Journal of Accounting Research, 2011, 4 (3): 121-133.

[175] KREP. D. and WILSON. R., Reputation and Imperfect Information [J]. Journal of Economic Theory, 1982 (27): 253-279.

[176] KRUGMAN, P. Increasing Returns and Economic [J]. Geography. Journal of Political Economy, 1991 (99): 483-499.

[177] KRUGMAN P.. Development, Geography and Economic Theory [M]. Cambridge, MA: MIT Press, 1995.

[178] KRUGMANS, Geographical Economics. Industrial Clustering and the

BritiMotor Sport Industry [J]. Regional Studies, 1999, 33 (9): 815-827.

[179] L. SENN, Service Activities Urban Hierarchy and Cumulative Growt [J]. The Service Industries Journal, 1993, 13 (2): 11-22.

[180] M. FUJITA, P. KRUGMAN, A. Venables, The Spatial Economy [R]. Cambridge, M. A.: MIT Press, 1999.

[181] M. PflüGER, J. SüDEKUM. Integration, Agglomeration and Welfare [J]. Journal of Urban Economics, 2007 (43): 49-69.

[182] MAINE E M, Shapiro D M, Vinin A R. The Role of Clustering in the Growth of New Technology-Based firms [J]. Small Business Economics, 2010 (34): 127-146.

[183] MARSHALL A., Principles of Economics (8th ed.) [R]. London: Macmillan. 1920: 2-30.

[184] MASASKELL P. BARON, et al. Social Capital: Critical Perspectives [R]. London: Oxford University Press, 2000.

[185] MASHELL P. Towards a Knowledge-based Theory of the Geographical Cluster [J]. Industrial and Corporate Change, 2001 (10): 921 - 944.

[186] MESQUITA L. F., LAZZARINI S. G.. Horizontal and Vertical Relationships in Developing Economies: Implications for SME's Access to Global Markets [J]. Academy of Management Journal, 2008, 51 (2): 359-380.

[187] MILLER P, et al. Business clusters in the UK- a first assess-ment, volume 1, Main Report [R]. Dept. of trade and Industry, 2001.

[188] MOLINA-MORALE, F Xavier. The Territorial Agglomerations of Firms: A Social Capital Perspective from the Spanish Tile Industry [J]. Growth and Change, 2005, 36 (1): 74-99.

[189] MOORMAN C, SLOTEGRAFF R J. The Contingency Value of Complementary Capabilities in Product Development [J]. Journal of Marketing Research, 1999, 36 (2): 239-257.

[190] NAHAPIET J, GHOSHAL S. Social capita, intellectual capita, l

and the organizational Advantage [J]. Academy of ManagementReview, 1998, 23 (2): 242- 266.

[191] NARAVAN D, PRILCHELL, L. CENTS . Socialiblity: Household Income and Social Capital in Rural Tanzania [J]. Economic Development and Culture Change, 1999, 47 (7): 871-897.

[192] NELSON R., National Innovation Systems: A Comparative Analysis, New York and Oxford [M]. Oxford University Press, 1993: 19-25.

[193] NOOTEBOOM, B., Trust: Forms, Foundations, Functions, Failures and Figures [M], Cheltenham UK: Edward Elgar. 2002.

[194] NORTH, DOUGLS and ROBERT THOMAS. An Economic Theory of the Growth of the West World [J]. The Economic Review, 1970 (23): 1-17.

[195] OSTROM E. Governing the Commons: The Evolution of Institution for Collective Action [M]. NewYork: Cambridge University Press, 1990.

[196] P. KRUGMAN, Geography and Trade [M]. e, Cambridge, M.A.: MIT Press, 1991.

[197] P. N. O FARRELL, P. A. WOOD, Internationalisation by Business Service Firms: Towards a New Regionally Based Conceptual Framework [J]. Environment and Planning A, 1998, 30 (1): 109-128.

[198] P. W. DANIELS. Service Industries: A Geographical Appraisal [M]. London: Methuen, 1985.

[199] PORTER M E. Clusters and the New Economics of Competition [J]. Harvard Business Review. 1998, 6: 76-77.

[200] PORTER M E. Location, Competition, and Economic Development: Local Clusters in a Global Economy [J]. Economic Development Quarterly, 2000, 14 (1): 15-34.

[201] PUTNAM R. Bowling Alone: America's Declining Social Capital [J]. Journal of Democracy, 1995 (6): 65-78.

[202] QUIMET M, LANDRY R, AMARA N. Network Positions and Rad-

ical Innovation: a Social Network Analysis of the Quebec optics and Photonics Cluster [C]. DRUID Summer Conference, on Industrial Dynamics, Innovation and Development, 2004.

[203] RIDDEL M, Schwer R K. Regional Innovative Capacity with Endogenous Employment: Empirical Evidence from the U. S [J]. The Review of Regional Studies, 2003, 33 (1): 73—81.

[204] ROLFSTEIN. Product Services, Transaction Activities and Cities Rethinking Accuption Categories in Economic [J]. Geography Euroean Planing Studies, 2002 (6): 34-36.

[205] S. ILLERIS, P. SJOHOLT. The Nordic Countries: High Quality Service in a Low Density Environment Progress in Planning, 1995, 43 (2): 205-221.

[206] S. P. MEYER. Finance、Insurance and Real Estate Firms and the Nature of Agglomeration Advantage across Canada and within Metropolitan Toronto [J]. Canadian Journal of Urban Research, 2007, 16 (2): 149-181.

[207] S. SASSEN, The Global City: New York, London [M]. Tokyo: Princeton: Princeton University Press. 1991.

[208] SCOTCHMER S., Thisse J. F . Space and Competition [J]. The Annals of Regional Science, 1992 (26): 269-286.

[209] SCOTT A. Flexible Production Systems and Regional Development: The Rise of New Industrial Spaces in North America and Western Europe [J]. International Journal of Urban and Regional Research, 1988, 12: 171-186.

[210] SCOTT A. J. New industrial Spaces: Flexible Production Organization and Regional Development in North American and Western Europe [M]. London: Pion, Ltd, 1988.

[211] SORENSON O. , Social Networks. Informational Complexity and Industrial Geography [C]. In Fornahl D., Zellner C. (eds.), The Role of Labor Mobility and Informal Networks for Knowledge Transfer, 2003.

[212] STABER U. Contextualizing Research on Social Capital in Regional Clusters [J]. International Journal of Urban and Regional Research, 2007, 31 (3): 505-521.

[213] STORPER M. The Resurgence of Regional Economies, Ten Years Later: the Region as Nexus of Untraded interdependencies [R]. European Urban and Regional Studies, 1995, 2 (3): 191-221.

[214] STORPER M. The Transition to Flexible Specialization in Industry: External Economies, the Division of Labor and the Crossing of Industrial Divides [J]. Cambridge Journal of Economics, 1989, 13: 273-305.

[215] STUART TOBY, OLAV SORENSON. The Geography of Opportunity: Spatial Heterogeneity in Founding Rates and the Performance of Biotechnology Firms [J]. Research Policy, 2003, 32: 229-253.

[216] TEMPLE. J, P. JOHNSON. Social Capability and Economic Growth [J]. Quarterly Journal of Economics, 1998 (113): 967-990.

[217] TIEBOUT C. A Pure Theory of Local Expenditures [J]. Journal of political Economy, 1956 (64): 416-424.

[218] TSAI W, GHOSHAL. S. Social Capital and Value Creation: the Role of Intra-firm networks [J]. Academy of management Joural, 1994 (41): 464-476.

[219] TURA T., HARMAAKORPI V. Social Capital in Building Regional Innovative Capability [J]. Regional Studies, (2005) 39: 1111-1125.

[220] UPHOFF, NORMANT. Learning from GalOya: Possibilities for Participatory Development and Post-Newtonian Social Science [M]. London: Intermediate Technology Publications, 1996.

[221] UZZI BRIAN. Social Structure and Competition in Interfirm Networks: The Paradox of Embeddedness [J]. Administrative Science Quarterly, 1997, 42: 35-67.

[222] WILLIAMSON, O. E. Markets and Hierarchies: Analysis and Anti-

trust Implications, a Study in the Economics of Internal Organization [M]. New York, NY: Free Press. 1975.

[223] WIKLUND J, SHEPHERD D. Knowledge -based Resource, Enterpreneurial Orientation, and the Performance of Small and Medium - sizebusinesses [J]. Strategic Management Journal, 2003, 24 (13): 1307-1314.

[224] WOOLCOCK M NARAYAN D. Social Capital: Implications for Development Theory, Research and Policy [J]. World Bank Research Observer, 2000, 15: 225-250.

[225] WOFLD Bank. Governance, Investment Climate and Harmonious: Society -Competitiveness Enhancements for 120 Cities in China [R]. Survey Report, 2006.

[226] ZAHRA S, GEORGE G. Aborptive capactiy: a Review, Reconceptualization, and Extension [J]. Academy of Management Review, 2002, 27 (2): 185-203.

调查问卷

尊敬的企业领导：

您好！

谢谢您能参加本次调查。本问卷是华南师范大学经济与管理学院进行的一项研究，旨在调查集聚区企业社会资本对企业绩效的影响，您的问卷将对我们的研究提供极大的帮助。具体问卷如下所示：

第一部分　基本信息

1. 本公司名称：_____；目前注册资本约：_____万元
所在地区位于：_____
2. 本公司与同行比较属于（　　）
(1) 大规模　　　　(2) 中等规模　　　　(3) 小规模
3. 本公司所属行业_____
4. 企业位于省份_____
5. 企业年限（　　）
(1) 3 年以下　　　　(2) 4~5 年　　　　(3) 6~10 年
(4) 11~20 年　　　(5) 20 年以上
6. 企业员工总人数为（　　）
(1) 小于 10 人　　　(2) 10~20 人　　　(3) 20~50 人
(4) 51~100 人　　　(5) 101~500 人　　(6) 501~1000 人
(7) 大于 1000 人

7. 企业产权性质（　　　）

(1) 国有独资　　　　(2) 三资　　　　　　(3) 民营

(4) 国有控股　　　　(5) 国有参股　　　　(6) 其他

8. 企业资产总额：（　　　）

(1) <50 万元　　　　　　　　(2) 50 万元~100 万元

(3) 100 万元~500 万元　　　　(4) 500 万元~1000 万元

(5) 1000 万元~4000 万元　　　(6) 4000 万元~1 亿元

(7) 1 亿元~4 亿元　　　　　　(8) 4 亿元及以上

9. 企业上年度年销售总额：（　　　）

(1) <100 万元　　　　　　　　(2) 100 万元~300 万元

(3) 300 万元~1 000 万元　　　(4) 1000 万元~3000 万元

(5) 3000 万元~1 亿元　　　　 (6) 1 亿元~3 亿元

(7) 3 亿元~10 亿元　　　　　 (8) 10 亿元及以上

10. 第一部分的问卷填答人在本公司已经工作年限（　　　）

11. 第一部分的问卷填答人在本公司职位（　　　）

(1) 高层经理　　　　(2) 中层经理　　　　(3) 基层经理

第二部分　企业现状

（采用 7 级打分，其中 1＝非常不同意，2＝比较不同意，3＝稍微不同意，4＝一般同意，5＝稍微同意，6＝比较同意，7＝非常同意，请在合适的数字上打"√"或者"○"）

12. 社会资本（内部社会资本）	不同意				同意		
	1	2	3	4	5	6	7
与同行业其他企业相比，本企业各职能部门以及员工间的联系更频繁（A1）							
与同行业其他企业相比，本企业各职能部门以及员工之间更愿意互相信任（A2）							
与同行业其他企业相比，本企业各职能部门以及员工之间设立了更畅通、有效的沟通机制和平台（A3）							

13. 社会资本（外部社会资本）	不同意					同意	
	1	2	3	4	5	6	7
与同行业其他企业相比，本企业与企业外网络成员的联系更频繁（B1）							
与同行业其他企业相比，本企业的外部网络成员的数量更多（B2）							
与同行业其他企业相比，企业与外部网络成员间联系花费的时间更长（B3）							

14. 吸收能力（潜在吸收能力）	不同意					同意	
	1	2	3	4	5	6	7
与同行业其他企业相比，本企业搜寻外部相关知识的能力比较强（C1）							
与同行业其他企业相比，本企业能很好识别外部知识的用途（C2）							
与同行业其他企业相比，本企业具有较强的引进外部相关知识的能力（C3）							

15. 吸收能力（实现吸收能力）	不同意					同意	
	1	2	3	4	5	6	7
与同行业其他企业相比，本企业员工经常在不同部门之间轮换工作（D1）							
与同行业其他企业相比，本企业员工经常交流新技术（D2）							
与同行业其他企业相比，本企业对于企业外部相关知识具有较强的整理和分类能力（D3）							

16. 集聚程度	不同意					同意	
	1	2	3	4	5	6	7
与本公司来往的客户、供应商及其他企业大部分与本公司分布在同一个地区内（如集群、园区、专业镇等）（E1）							
与本公司来往的科研院所、高校以及技术中介组织大部分与本公司分布在同一个地区内（如集群、园区、专业镇等）（E2）							
与本公司来往的政府部门、银行、行业协会大部分与本公司分布在同一个地区内（如集群、园区、专业镇等）（E3）							

17. 企业绩效（创新绩效）	不同意				同意		
	1	2	3	4	5	6	7
相对于行业平均水平，近两年本企业新服务的开发速度更快（F1）							
相对于行业平均水平，近两年本企业新服务的开发数量更多（F2）							
相对于行业平均水平，近两年企业新产品销售增长率较高（F3）							

18. 企业绩效（市场绩效）	不同意				同意		
	1	2	3	4	5	6	7
与其他企业相比，企业更能以顾客为导向设计，生产和提供服务产品（G1）							
相对于行业平均水平，近两年本企业市场份额较高（G2）							
相对于行业平均水平，近两年本企业市场份额增长率较高（G3）							

19. 企业绩效（财务绩效）	不同意				同意		
	1	2	3	4	5	6	7
相对于行业平均水平，近两年本企业的销售利润更高（H1）							
相对于行业平均水平，近两年本企业的销售收入增长更快（H2）							
相对行业平均水平，近两年本企业资本回报率较高（H3）							

再次感谢您对本研究工作的支持！